Achtsam leben

ANJA SIEPMANN

In mir selbst zu Hause

Geborgen in der Welt

SCORPIO

Anja Siepmann, geb. 1969, war zunächst Film- und Fernsehproduzentin, bevor sie eine Ausbildung zur Heilpraktikerin Psychotherapie machte und 2010 ihre eigene Praxis eröffnete. Neben der Einzelarbeit als Therapeutin ist sie als Facilitator für Achtsamkeitstraining, Familienaufstellungen und Meditation in offenen Gruppen sowie in Unternehmen tätig.
www.anjasiepmann.de

MIX
Papier aus verantwortungsvollen Quellen
FSC® C084279
FSC www.fsc.org

Lektorat: Desirée Schön
Umschlaggestaltung: Hauptmann & Kompanie Werbeagentur, Zürich
Layout, Satz und Vignetten: Veronika Preisler, München
Druck und Bindung: Print Consult, München
ISBN 978-3-95803-392-4

www.scorpio-verlag.de

Inhalt

Willkommen

Ich schreibe dieses Buch im zweiten Jahr der Corona-Pandemie. Ausgelöst durch diese Krise, sprechen immer mehr Menschen offen darüber, dass sie sich einsam fühlen. Sie sind sich selbst und der Welt fremd geworden. Ich kenne dieses Gefühl gut, nicht erst seit Corona. Es ist mir seit Kindertagen vertraut. Und wahrscheinlich war es auch der treibende Faktor, der mich auf den Weg der Meditation und zu meinem heutigen Lebensstil geführt hat. Heute bin ich zwar nicht immer frei von diesem brennenden Gefühl, verlassen, nicht wahrgenommen, ungestillt und fremd in der Welt zu sein. Doch im Laufe meines Lebens habe ich verstanden, dass dieses Gefühl kein Feind sein muss, sondern mein Wegweiser sein kann. Ich habe Mittel und Wege gefunden, mich nicht darin zu verlieren, sondern immer wieder Anschluss zu finden – an mich selbst, an meine Mitmenschen und an das Leben als Ganzes. Ich werde in diesem Buch gewonnene Erfahrungen, Perspektiven, Methoden und Kenntnisse mit dir teilen. Doch mit großem Respekt vor deiner Einzigartigkeit und deinem eigenen Lebensweg werde ich mich hüten, Rezepte zu geben. Bitte verstehe das Dargebotene als Landkarte mit Anhaltspunkten wie

Himmelsrichtungen, Höhenlinien, Vegetations- und Landmarken. Eine Karte kann dir helfen, dich in einer Landschaft zurecht zu finden – doch sie lässt offen, welchen Weg du einschlägst. Außerdem ist die Landkarte niemals dasselbe wie die Landschaft. Vielleicht hat die Kartografin wichtige Details ausgelassen, vielleicht hat sich die Landschaft seit Entstehen der Karte verändert. Nutze dieses Buch zur Orientierung, wenn du in deine eigene innere Landschaft hineinwanderst. Denn dorthin möchte ich dich führen – nach innen. Bitte folge der Karte nicht blind, sei achtsam auf deinem Weg, beobachte, halte Ausschau, setze einen Fuß vor den anderen, mache Pausen und verdaue das Erlebte. Vielleicht möchtest du ein kleines Reisetagebuch führen, in dem du deine Erfahrungen und Reflexionen niederschreibst. Manchmal treten wir eine Reise an und kommen in Gebiete, in denen es doch etwas herausfordernder ist als zunächst angenommen. Dann ist es nicht nur okay, sondern weise und sinnvoll, sich für einige Etappen einer Führung anzuvertrauen, sich von einer Fährtenleserin – einer erfahrenen Begleitung wie zum Beispiel einer Therapeutin unterstützen zu lassen.

Ich wünsche dir eine gute Reise.

Ich verwende in diesem Buch unterschiedliche Gender-Formen. Überwiegend nutze ich die weibliche Form, da ich selbst eine Frau bin und erfahrungsgemäß die Mehrzahl der Lesenden Frauen sind. Wenn ich von einem einzelnen Menschen spreche, bleibe ich bei der tradierten männlichen Form dieses Begriffes. Bei Aufzählungen habe ich mich oft für ein wildes Durcheinander verschiedener Endungen entschieden, damit in deiner Fantasie ein buntes Bild entsteht. Und gelegentlich benutze ich auch den Gender-Doppelpunkt, wenn es mir angemessen erscheint. Ich sehe Sprache als lebendigen Prozess; sie formt sich weniger durch Regeln als durch ihren lebendigen Gebrauch im Austausch mit den verschiedensten Menschen.

1

Unerfüllt – einsam – heimatlos

»Das gesuchte Alleinsein ist eine Wonne – aber wenn man allein sein muss, ohne es zu wollen, dann kann es zu einer Qual werden. Wenn du Alleinsein als selbst gewählte Pause von äußeren Einflüssen beschreibst, verstehe ich, dass das wohltuend sein kann bzw. dass es gut ist, dass mensch mit sich selbst ist. Anders ist aber doch das Alleinsein, wenn es ohnehin ein (unbeabsichtigter) Dauerzustand ist, zu dem ein Mensch (kurzfristig) keine Wahl hat (weil er eben – in seinem Lebensalltag – ganz alleine ist).«

Angela, Teilnehmerin in meiner Meditationsgruppe

Die global schwierige Zeit der Pandemie stößt jede:n Einzelne:n mit der Nase auf Themen und Erfahrungen, die zwar nicht neu sind, aber in der

Krise wie durch ein Brennglas an Größe und Bedeutung gewinnen. Zum Beispiel ist viel die Rede davon, dass Menschen in Isolation vereinsamen. Auf die Not von Alten, Kranken und Kindern in Heimen und in dysfunktionalen Familien hinzuweisen ist natürlich richtig und wichtig. Dem Phänomen *Einsamkeit* in seiner Vielschichtigkeit wird dieser Blickwinkel jedoch nicht gerecht. Denn nicht jeder Mensch, der ohne Gesellschaft ist, fühlt sich einsam. Manche suchen die Abgeschiedenheit und fühlen sich durch andere Menschen eher gestört. Wir können uns mitten in einer Menschenmenge, auf einem Konzert, einem Familienfest, unter Kolleg:innen sehr einsam fühlen. Die physische Anwesenheit anderer Menschen ist für das Gefühl der Einsamkeit nicht ausschlaggebend. Es ist auch nicht so sehr entscheidend, ob wir diejenigen, mit denen wir gerade zusammen sind, kennen oder nicht, sie mögen oder doof finden. Einsamkeit kann sich nämlich manchmal auch einstellen, wenn wir in den Armen der oder des Liebsten liegen. Sie kann Menschen urplötzlich aus sprichwörtlich heiterem Himmel anfallen oder sie als dunkler Schatten auf Schritt und Tritt begleiten. Einsamkeit scheint anderen Kriterien zu unterliegen, als wir oft annehmen.

Der Spur der Einsamkeit folgen

Ich möchte in diesem Buch ein Licht darauf werfen, womit dieses Gefühl zu tun hat, wie es ausgelöst und wie es besänftigt werden kann. Zunächst einmal gilt für Einsamkeit, was für alle Gefühle zutrifft: Sie haben Hinweischarakter, zeigen uns an, ob eine Situation förderlich oder problematisch für uns ist, und setzen wichtige Impulse, damit wir die Situation bewältigen und unser emotionales Gleichgewicht wiederherstellen können. Manchmal überhören oder missverstehen wir diese emotionalen Impulse und wählen Bewältigungsstrategien, die nicht wirklich gut funktionieren. Trauer ist zum Beispiel der Hinweis auf einen schweren Verlust. Damit die Wunde, die der Verlust geschlagen hat, heilen kann, müssen wir die richtige Medizin anwenden. Nicht wenige Menschen versuchen mit Verlust klarzukommen, indem sie sich in Arbeit stürzen, mit Rauschmitteln ablenken oder auf Gott und die Welt schimpfen. Das ist ebenso wenig wirksam, wie einen Magen-Darm-Infekt mit einem Gipsverband heilen zu wollen. Es braucht das richtige Mittel. In allen Kulturen und zu allen Zeiten bis heute wird Verlust im wahrsten Sinne des Wortes nur verschmerzt, wenn Menschen sich dem Schmerz stellen, sich Zeit nehmen, sich nach innen wenden, mit ihrem Schmerz in Verbindung gehen, ihn fühlen und beweinen, wenn sie außerdem das Verlorene ehren und ihm einen Platz in ihrem Herzen geben. Folgen Menschen dieser Spur, wird sich Trost einstellen, wird der Schmerz vergehen und die Wunde sich schließen. Auch wenn für immer eine Narbe bleibt, kehrt verloren geglaubte Lebensfreude zu diesem Menschen zurück und er oder sie verspürt wieder Lust, sich der Welt offen zuzuwenden.

Wenn wir gleich einer Fährtenleserin die Spur der Gefühle nachverfolgen und richtig deuten, finden wir die passende Medizin – auch gegen Fremdheit und Einsamkeit.

Sich fremd und einsam zu fühlen steht für eine ganze Fülle von emotionalen Empfindungen, wie die folgende Liste zeigen soll:

Wenn ich einsam bin,
fühle ich mich klein, hilflos, unsicher, falsch, fremd, außen vor, schwach, kalt, zusammengezogen, dumm, wertlos, ungesehen, unverstanden, nicht wahrgenommen, bedeutungslos, verloren,

getrieben, unruhig, unter Druck, unzufrieden, ängstlich …
sehne ich mich nach Wärme, Halt, Anerkennung, Mitgefühl, Zuspruch, Resonanz, Ansprache, Anteilnahme, Berührung, Entspannung, Reden, Austausch, Unterstützung, Schutz, Geborgenheit, Vertrautheit, Geselligkeit …

SELBSTERFAHRUNG

Diese Liste ist sicher nicht vollständig.
Nutze dein Reisetagebuch, um deine persönlichen Erfahrungen von Einsamkeit mit eigenen Worten auszudrücken.
Wenn ich einsam bin, fühle ich mich …
Wenn ich einsam bin, sehne ich mich nach …

All diese Sehnsüchte stehen vor allen Dingen für eines: den Wunsch nach Verbindung, Geborgenheit, Erfüllung, kurz: Glück! Leider werden wir in unserer Gesellschaft, in unseren Familien, Schulen und Universitäten nicht gerade als Glücks-Fährtenleserinnen ausgebildet. Und so suchen wir in der Regel an den falschen Stellen. Wir sind nach außen gerichtet – auf Dinge, Menschen, Erlebnisse. Wir sind überzeugt, wenn wir mehr Freund:innen, passendere Partner:innen, einen besseren Job, eine andere Wohnsituation, Kinder, keine Kinder, mehr Zeit zum Reisen, eine gute Altersabsicherung hätten, dann wären wir glücklich. Wir entwickeln eine große Sehnsucht nach den Dingen, die in unserem Leben nicht erfüllt, nicht anwesend sind. Dabei lassen wir außer Acht, dass keiner dieser vermeintlichen Glücksbringer unseren Hoffnungen standhalten und sie tatsächlich erfüllen kann. Die Wahrscheinlichkeit, dass diese Dinge, auch wenn wir sie endlich unser Eigen nennen, doch noch Makel aufweisen, ist groß – da nichts auf der Welt perfekt ist. Zudem haben alle äußeren Dinge die Eigenart, nicht ewig für uns zur Verfügung zu stehen: Sie nutzen sich ab, gehen kaputt, verlassen uns oder werden uninteressant und verlieren in unseren Augen ihren Reiz. Obwohl wir um ihre Unbeständigkeit und Unzulänglichkeit intellektuell wissen, glauben wir unbeirrt daran, dass uns äußere Dinge, Menschen, Umstände glücklich machen. Und solange wir sie nicht »haben«, sind wir unzufrieden. Der eigentliche Weg zu glücklicher Geborgenheit geht aber nach innen. In unserer inneren Landschaft finden wir die Verbundenheit, die uns Menschen glücklich macht und das Gefühl gibt, am rechten Platz zu sein. Ich zeige dir drei Gebiete, in denen du nach Heimat Ausschau halten kannst:

im Verbundensein mit dir selbst, im Verbundensein mit anderen und im Verbundensein mit dem Leben insgesamt. Damit wir Menschen überhaupt Erfahrungen – gute oder schlechte, glückliche oder einsame – machen können, brauchen wir unseren Körper. Durch unseren Körper werden wir erst zu lebendigen Wesen. Menschen sind verkörpertes Bewusstsein. In unserer Verkörperung machen wir lebendige Erfahrungen – angenehme und unangenehme. Wenn wir eine erfüllende Verbindung mit uns selbst und anderen erleben wollen, müssen wir in unserem Körper beheimatet sein – ganz unabhängig davon, wie heil oder verletzt er erscheint. Im folgenden Kapitel findest du Unterstützung, wie du dich in deinem Körper niederlassen und ihn zu deinem Zuhause machen kannst.

2

Im Körper beheimatet sein

»Ich habe schon so viele Anläufe unternommen, meditieren zu lernen. Ich bin sicher, dass es gut für mich wäre, aber ich kann es einfach nicht. Sobald ich auf dem Kissen sitze oder auf dem Boden liege, werde ich unruhig. Mein Körper rebelliert und ich muss unheimlich viel Zeug denken.«

Bärbel, Klientin in meiner Praxis

Viele Menschen haben instinktiv das Bedürfnis, gelegentlich Zeit mit sich allein zu verbringen – in der Stille zu entspannen und aufzutanken. Sie suchen diese Phasen des Alleinseins, um wieder zu sich zu finden, denn die Geschäftigkeit des Alltags kann dazu führen, dass wir den Kontakt zu uns selbst verlieren. Wenn wir über zu lange Zeit mit unserer Aufmerksamkeit viel im Außen waren, powern wir uns aus und werden leer. Dann fehlt uns etwas, wir haben die Verbindung zu uns verloren und werden unzufrieden. Doch obwohl der Impuls in die richtige Richtung, nämlich zum eigenen Sein führt, stoßen viele Menschen dabei auf Schwierigkeiten.

Vielleicht kennst du das auch, dass du gerne meditieren oder einfach nur irgendwo entspannt sitzen möchtest. Sobald du aber dem Wunsch folgst und dich niederlässt, wird dein Körper nach kürzester Zeit sehr unruhig – die Beine fangen an zu zappeln, der Nacken und die Schultern versteifen sich, im Bauch macht sich Rumoren breit. Bald kommen auch noch viele unruhige Gedanken dazu. Manche Menschen sagen dann: »Meditation ist nichts für mich, ich werde dabei unruhig« oder »Einfach so dasitzen und nichts tun macht mich ganz rappelig«. Dabei ist es nicht die Stille selbst, die die Menschen unruhig macht. Wahrscheinlicher ist, dass sie in der Ruhe den Lärm in ihrem Inneren wahrnehmen: die Geschäftigkeit des Geistes, das Brüten, Planen, Abhaken, Lösen und Kontrollieren, das sie permanent auf Trab hält.

Die Stille ist nicht auf den Gipfeln der Berge.
Der Lärm ist nicht auf den Märkten der Städte.
Beides ist in den Herzen der Menschen.

Quelle unbekannt

Die Einheit von Körper und Geist spüren

Wenn der Geist immerzu beschäftigt und mental permanent in Bewegung ist, ist es kein Wunder, wenn der Körper da mitmischen möchte, denn Körper und Geist sind eins. Wir Menschen sind nicht zweigeteilt. Wir sind verkörperter Geist bzw. beseelter Körper. Was wir physisch erleben, führt zu einer geistigen Reaktion, und was wir mental erleben, spüren wir auch im Körper. Das kannst du dir klarmachen, indem du dich auf eine kleine Vorstellungsreise begibst:

SELBSTERFAHRUNG

Denke an etwas, das du noch zu erledigen hast. Es muss nichts Kompliziertes sein. Es könnte die Wochenendplanung betreffen: Was muss eingekauft, wer muss kontaktiert werden, wann ist Zeit für Haushalt, für Freizeit, für Familie? Male es dir genau aus, denke auch daran, was geschehen würde, wenn du etwas sausen lässt. Gib dir ein bis zwei Minuten für diese Fantasie und richte dann deine Aufmerksamkeit auf deinen Körper. Was nimmst du wahr? Sind da Ruhe und Entspannung – oder Anspannung und Unruhe?

Körper und Geist sind eine Einheit. Wenn du in Gedanken viel hin und her bewegst, dann kann auch der Körper nicht zur Ruhe kommen und ein wohliges Zuhause für dich sein.

Ein Schritt, der in Richtung Ruhe und Entspannung führt, ist die Beruhigung des Geistes. Gib dem Denken keine Energie und werde mental still. Doch sei darauf gefasst, dass es schier unmöglich ist, einfach aufzuhören zu denken. Leichter ist es, wenn du deiner Aufmerksamkeit eine Alternative anbietest. Die Energie folgt der Aufmerksamkeit. Wenn du also deine Aufmerksamkeit auf etwas anderes als Gedanken – also Erinnerungen, Pläne, Wünsche, Ängste, Stimmungen oder mentale Bilder – richtest, entziehst du dem Unruhegeist Energie.

SELBSTERFAHRUNG

Statt den Gedanken zu folgen, lass deine Aufmerksamkeit auf deinem Atem ruhen. Nimm einfach den kontinuierlichen Fluss des ein- und ausströmenden Atems wahr. Konzentriere dich nicht auf eine bestimmte Stelle im Körper, sondern öffne dich für das ganzheitliche Erleben von Ausdehnung und Zusammenziehen, Füllen und Leeren, Frisches Aufnehmen und Verbrauchtes Loslassen. Erlaube dem Atem, seinem eigenen Rhythmus zu folgen. Dies ist keine Atemübung, in der du den Atem manipulierst, verlängerst, vertiefst oder Ähnliches. Der Atemstrom dient einfach als Gegenstand, auf den du deine Aufmerksamkeit richtest, sodass sie sich nicht auf mentale Aktivitäten fokussieren kann. Wann immer du bemerkst, dass du doch mal in Gedanken abgeschweift bist, halte inne, nimm ein oder zwei bewusste tiefe Atemzüge und dann atme ganz normal weiter und kehre mit deiner Aufmerksamkeit wieder zu der Wahrnehmung des Atemstroms als ganzheitliche körperliche Erfahrung zurück. Ohne Druck, ohne Hetze – einfach das Denken verlassen und zur Wahrnehmung der Atmung wechseln.

Die Beruhigung der Gedanken funktioniert ebenso gut, wenn du deine Aufmerksamkeit auf andere körperliche Erfahrungen lenkst. Alle Sinne bieten sich hierfür an:

SELBSTERFAHRUNG

Du kannst offen und entspannt hören, welche Geräusche in deine Wahrnehmung kommen. Wie beim Atem geht es nicht darum, bestimmte Dinge zu hören. Lass die Geräusche einfach zu dir kommen. Suche nicht nach ihnen und sortiere auch nicht nach angenehmen oder unangenehmen Geräuschen. Was du hörst, das lass dich einfach voll und ganz hören – so lange es anhält. Du wirst bemerken, dass sich dein Hörerleben kontinuierlich verändert. Es gibt Geräusche, die nähern und entfernen sich, andere bleiben in ihrer Lautstärke, ihrem Rhythmus über längere Zeit unverändert, dennoch verändert sich etwas in deiner Wahrnehmung. Andere Geräusche schalten sich dazwischen. Etwas, was gerade noch unangenehm war, wird einfach monoton und weniger deutlich. Versuche nicht, den Geräuschquellen auf den Grund zu gehen, gib den Geräuschen keine Bezeichnungen, keine Bewertungen, halte sie einfach für eine Weile in deiner Aufmerksamkeit. Stell dir deine Aufmerksamkeit dabei nicht wie eine Faust vor, die das Objekt krampfhaft umschließt, sondern eher wie eine mit der Handfläche nach oben geöffnete Hand, in der der Atem wie eine Blüte gehalten wird, sanft und sicher.

Genauso kannst du dich dem Riechen, Schmecken oder Tasten öffnen. Jede Sinneserfahrung ist eine Körpererfahrung und kein Denken. Du ziehst also Energie vom Denken ab und lenkst sie auf den Körper. Du entscheidest, in welcher Erfahrung sich deine Aufmerksamkeit niederlassen und verwurzeln soll. Und dann verweilst du dort einfach für eine Zeit, ohne etwas Bestimmtes erreichen, irgendetwas verändern, verbessern oder verwandeln zu wollen. Du bist einfach Zeugin deiner eigenen Körper- und Sinneserfahrung. Sobald deine Aufmerksamkeit fortgezogen wird, kehrst du zurück zu der Erfahrung, der du dich zuwenden möchtest. Das ist alles. Keine Zauberei – einfach präsent sein für das, was du physisch erfährst.

Dabei kommt dir zugute, dass unsere Aufmerksamkeit nicht an zwei Orten gleichzeitig sein kann. Gedanken können nicht in dir Raum greifen, solange du mit voller Aufmerksamkeit bei deinem Atem oder beim Schauen, Riechen oder Schmecken bist. Es ist natürlich, dass die Aufmerksamkeit zu Beginn springt und von Dingen gekidnappt wird, denen du dich gar nicht widmen wolltest. Das ist kein Fehler und auch kein Problem, es ist einfach die Art, wie unser Geist konditioniert ist. Wenn du regelmäßig über einen längeren Zeitraum eine

Übung wie die Atembetrachtung machst, wirst du bemerken, dass du immer länger mit dem Atem ohne Ablenkung verbunden bleiben kannst und dass du früher bemerkst, wenn du abgelenkt wurdest, und dass du schließlich auch leichter zurückkehren kannst. Die Verbindung mit der Erfahrung, die du selbst gewählt und in den Fokus genommen hast, wird stabiler. Die Verbindung mit deinem Atem wird stabiler. Die Verbindung mit deinem Körper wird stabiler. In dieser stabilen Verbindung entspannen sich Atem und Körper und der Geist kommt zur Ruhe. Du kannst dich mehr und mehr niederlassen – landen und ankommen. Deine Fähigkeit, Verbundenheit zu erfahren, nimmt zu, sodass sie dir auch in anderen Lebenssituationen zur Verfügung steht.

Um Verbundenheit und Aufgehobensein spüren zu können, brauchen wir die Fähigkeit, präsent zu sein – mit allen Sinnen verbunden mit unserer aktuellen Lebenserfahrung.

Wenn sich dein Geist beruhigt und die mentale Geschäftigkeit nachgelassen hat, du aber immer noch mit physischer Unruhe und Unwohlsein zu kämpfen hast, du dich nicht in dir selbst niederlassen und zur Ruhe setzen kannst, könnte die Situation des »mit dir allein Seins« selbst Auslöser für diese Ruhelosigkeit sein. Dann lohnt es sich, ein bisschen tiefer zu forschen.

Wenn die Stille Angst macht

Leere, Stille, SEIN statt TUN sind für uns so fremd, dass sie uns unsicher machen. Das ist im Grunde gut. Begrüße die Unsicherheit, denn sie ist ein Zeichen dafür, dass du etwas Neues erlebst. Jede Veränderung bringt Unsicherheit mit sich. Wenn du gewohnt bist, viel zu TUN – ob in Handlungen oder im Denken, dann ist das bloße SEIN eine Provokation für dein Ego und es wird dagegen rebellieren. Das Ego kann nur existieren, wenn es permanent etwas zu sagen hat: »So denke, urteile, sehe, finde, meine ich«, »Das kann ich«, »Das kann ich nicht«, »Das weiß ich«, »Das weiß ich nicht«, »Das will ich«, »Das will ich nicht«: ich, ich, ich! Wenn du aber einfach da bist – ohne zu meinen, zu denken, zu analysieren, zu bewerten, zu interpretieren, zu sortieren und was der Verstand sonst noch alles unternimmt, um sich wichtig zu machen –, dann kommt schnell die Frage auf: »Und jetzt?«

Hinter dieser Frage steht Angst: nicht zu wissen, wer du bist, wenn du all das Denken loslässt; nicht zu existieren, wenn keine Meinungen, Vorstellungen, Erinnerungen da sind. In letzter Konsequenz spüren wir in der Begegnung mit dem puren Sein also die Angst vor dem Tod! Doch vom Nichtstun und Entspannen ist noch niemand gestorben. Was hier stirbt, ist das Ego, sind unsere gewohnten Muster der Geschäftigkeit, unsere Identifikationen mit Tätigkeiten, Rollen, Lebenskonzepten und Glaubenssätzen. Lass sie sterben. Lass einfach los und beobachte, wie sie sich aufbäumen und rebellieren, während du dich immer weiter entspannst.

SELBSTERFAHRUNG

Wenn im Stillwerden Angst kommt, nimm sie einfach wahr. Unternimm nichts gegen sie. Erlaube ihr, sich in deinem Körper zu zeigen. Vielleicht gibt es Zittern, Schwindel, Übelkeit. Dann sei einfach präsent für diese körperliche Erfahrung. Aber schenke den Angstgedanken keine Aufmerksamkeit. Wenn die Angst kein Futter bekommt – keine Aufmerksamkeit, keine Energie –, wird sie nachlassen. Statt zur Angst kehre mit deiner Aufmerksamkeit immer wieder zur Entspannung zurück. Lege dich auf den Boden, werde schwer, lass dich sinken. Das Leben besteht aus Anspannung und Entspannung. Wie Wellen, die sich heben und senken. Wir können nicht immer nur auf den Gipfeln stehen. Wenn wir voranschreiten, werden wir auch Täler durchwandern. Wann immer du also in der Stille Angst spürst, gib dich ihr hin, durchschreite sie, fühle die Angst in deinem Körper, ohne zu kämpfen, öffne dich, lass immer mehr los, werde weich und schwer. Du wirst dich wundern, wie viel Müdigkeit sich zeigen wird. All die Anstrengung, die du aufgewendet hast, um dich zusammenzureißen, zu halten und zu kontrollieren, wird sich nun lösen. Diese Müdigkeit tut gut, sie ist nicht bleiern wie die Erschöpfung, die du möglicherweise aus deinem Alltag kennst. Vielleicht schläfst du ein, vielleicht spürst du einfach nach einer Weile einen natürlichen Impuls zur Bewegung. Das wird sich ganz anders anfühlen als die bekannte Unruhe. Dann räkele und strecke dich, wie an einem wunderbaren Frühlingsmorgen nach wohltuender Nachtruhe. Gib dir dafür Zeit. Wie wir aufwachen, bestimmt die Qualität unseres Wachseins. Also hetze dich nicht und genieße, wie jede Zelle in deinem Körper gähnt, sich räkelt und immer mehr mit Lebensenergie füllt.

Unglücklicherweise verleitet Angst die meisten Menschen dazu, sich anzuspannen, zu kämpfen und zu strampeln, was ihre Situation in der Regel nur verschlimmert. Falls auch du von dir weißt, dass du gegen Stille und Ruhe ankämpfst, weil sie unangenehme Empfindungen auslöst, lade ich dich ein, dir folgendes Bild auszumalen: Wenn jemand im Wasser in einen Strudel gerät, ist es nicht hilfreich zu strampeln. Man verliert sämtliche Kraft und wird trotzdem mit der Strömung nach unten gezogen. Sinnvoller ist es, bewusst los- und sich von der Strömung nach unten ziehen zu lassen – ganz ohne Kraftanstrengung. Am Boden ist der Strudel so klein, dass es ganz leicht ist, hinauszuschwimmen und aufzutauchen. Wenn wir uns dem Unwohlsein in der Stille hingeben, vollkommen loslassen, tauchen wir wie von selbst wieder aus dem Strudel auf.

»Wenn keine Anspannung im Körper ist, verschwindet die Angst automatisch. Angst erzeugt einen bestimmten Spannungszustand im Körper, um sich in ihm festzusetzen. Wenn der Körper entspannt ist, wird die Angst zwangsläufig verschwinden. Ein entspannter Mensch kann nicht ängstlich sein. Einem entspannten Menschen kann man keine Angst machen. Selbst wenn die Angst kommt, kommt sie wie eine Welle … sie wird keine Wurzeln schlagen.«

Osho

Wenn ich von Angst spreche, meine ich alles von beunruhigt sein bis panisch werden. Ich unterscheide nicht, wie es in einigen psychologischen Konzepten getan wird, zwischen Furcht und Angst, weil es in diesem Kontext meines Erachtens keinen Unterschied macht. Das Grundgefühl ist eines der Bedrohlichkeit – ob diffus oder konkret. Bitte fühle dich frei, deine eigenen Worte einzusetzen, wenn du die Idee der hier umschriebenen Angst erfasst hast.

Die Geister der Vergangenheit

Wenn Angst und Unruhe so groß sind, dass Loslassen und Entspannung wirklich als ein Ding der Unmöglichkeit erscheinen, könnte es sein, dass dein Organismus mit dem Alleinsein extrem hohen Stress verbindet und sich instinktiv gegen diesen Zustand sträubt. Selbst wenn du keine mentale Erinnerung, keine Bilder, keine Worte für ein stressvolles Erleben des Alleinseins hast, ist es dennoch möglich, dass sich dein Körper an eine entsprechende frühere Erfahrung erinnert, daran, wie unangenehm es sich einmal anfühlte, ganz ruhig, still, ohne Ansprache, ohne Halt und Zuwendung – vollkommen allein zu sein. Die Not, der Stress, den dieses Alleinsein im Körper ausgelöst hat, wird möglicherweise in Situationen, in denen du heute mit dir selbst allein bist, wieder wachgerufen. Und auch die Körperempfindungen, die mit dieser Erinnerung einhergehen, sind auf einmal wieder vollkommen präsent. Das kannst du dir nicht vorstellen? Dann probiere einmal Folgendes mit einer positiven Erfahrung:

SELBSTERFAHRUNG

Setz dich entspannt hin, schließe die Augen und erinnere dich an eine wunderbare Urlaubssituation. Rufe dir so viele Details wie möglich ins Gedächtnis: Wo warst du – an einem Strand, in den Bergen, unter Menschen, in der Natur? Wie sah es dort genau aus, welche Tageszeit herrschte? Wer war mit dir dort? Wie roch es? Was hast du gehört, gesehen? Gab es etwas zu schmecken? Wie ging es dir in der Situation? Warst du fröhlich, heiter, entspannt, aufgeregt, zufrieden, glücklich, ausgelassen? Wie hat sich das damals in deinem Körper angefühlt? Erinnerst du dich? Und wie fühlt es sich jetzt in diesem Moment des Erinnerns in deinem Körper an? Was spürst du? Wo ist Anspannung, wo Entspannung? Gibt es Temperaturempfindungen, Bewegungen, Ausdehnen, Zusammenziehen? Ist deine jetzige Körpererfahrung der Urlaubserfahrung von damals ein bisschen ähnlich?

Erinnerungen können die gleichen Reaktionen hervorrufen, wie wir sie in der ursprünglichen Situation erlebt haben!

Gerade bei kleinen Menschenkindern kann das Für-sich-allein-Sein fürchterlichen Stress im Körper auslösen.
Ein Beispiel: Stell dir einen Säugling vor, der noch nichts von der Welt weiß. Wenn er Hunger bekommt, braucht er die stillende, nährende Zuwendung eines anderen Menschen. Bleibt diese aus, droht der Tod. Die Instinktnatur des kleinen Wesens weiß, was auf dem Spiel steht. Da es noch kein Zeitgefühl hat und nicht über die notwendigen kognitiven Fähigkeiten verfügt, um sich in Geduld zu üben, bis es bekommt, was es braucht, gerät das kleine Menschlein mit jeder Minute des Wartens zunehmend in ungeheuren Stress.

Stress ist vor allen Dingen eine physiologische Reaktion, die von einem Gefühl der Angst ausgelöst wird: Der Atem geht schneller, der Blutdruck steigt, das Herz schlägt schneller, Adrenalin wird ausgeschüttet, Muskeln spannen sich an, der Magen-Darm-Trakt verkrampft oder entleert sich. Alles zusammen sorgt darüber hinaus für einen intensiven Bewegungsdrang, denn der Organismus ist nun auf Kampf oder Flucht vorbereitet und will diese hohe Bereitschaftsenergie in Bewegung umsetzen.

Wenn die oben beschriebene Stresssituation regelmäßig vorkommt, lernt der Organismus des kleinen Menschleins vereinfacht gesagt, dass Alleinsein mit Angst, Hunger und entsprechendem körperlichem Stress verkoppelt ist. Solche Verkopplungen machen sich in sämtliche Richtungen bemerkbar. Im Laufe der Zeit ist nicht mehr zu unterscheiden, was Henne und was Ei war. So kann es im späteren Leben passieren, dass sich Hunger meldet, sobald äußere Beschäftigungen nachlassen und der Organismus zur Ruhe kommt. Der Hunger kann sich auch im übertragenen Sinne breit machen – Hunger nach Anregung, Informationen, mehr Erleben, Konsum. Es kann auch sein, dass ganz normale physische Hungergefühle mit Angst, Leere und Einsamkeit einhergehen. Vor diesem Hintergrund ist es vielleicht nicht mehr überraschend, wenn Menschen, die mit ihrer Not als Baby alleingelassen wurden, Schwierigkeiten haben, untätig zu sein und ruhig zu werden.

Der physiologische Stress des Säuglings und die späteren Folgen könnten in Schach gehalten werden, wenn es während des Wartens auf die ersehnte Nahrung eine freundliche, beruhigende Stimme gäbe, wenn das Baby gehalten und sanft hin und her gewiegt würde. Kinder können sich nicht aus sich selbst heraus beruhigen. Sie brauchen die wohltuende Präsenz eines anderen Menschen, der in sich selbst ruht und ganz für sie da ist.

Leider nimmt das Leben auf diese Notwendigkeit nicht immer Rücksicht. Und so gibt es nicht wenige Menschen, die einen Lebensstart hatten, in dem diese ruhige Präsenz eines oder einer anderen ganz gefehlt hat, unbeständig war oder für zu lange Zeit unterbrochen wurde. Dadurch war ihr junger Organismus schon früh hohem Stress ausgesetzt, der unerkannt noch heute in ihrem Leben nachwirkt und sie Phasen der Stille und Ruhe als bedrohlich wahrnehmen lässt.

Die meisten Menschen, die in meine Praxis oder Kurse kommen, haben kein Bewusstsein von einer frühen Traumatisierung durch Verlassenheit. Sie kommen, weil sie in ihrem heutigen Leben unter Einsamkeit oder unter Unruhe, Angst, Antriebslosigkeit, Sehnsucht nach Partnerschaft, Zorn über eine Trennung, Fassungslosigkeit angesichts einer Kündigung leiden oder einen ungestillten Wunsch nach Freunden, Erfolg, Erfüllung und ähnlichen Dingen spüren. Während wir uns in der gemeinsamen Arbeit ihrer inneren Landschaft behutsam nähern, offenbart ihr KörperGeist, welche beunruhigenden Erinnerungen diese Menschen davon abhält, sich in ihrem Körper zu Hause zu fühlen und in Ruhe niederzulassen.

Ohne eine physische Homebase aber können wir uns weder für uns selbst, unsere Talente, Gaben und Möglichkeiten öffnen noch tiefe Verbundenheit mit anderen Menschen und der Welt empfinden.

Erfahrungen des unguten Alleinseins, die sich im späteren Leben auswirken können, könnten diesen hier ähneln:

- Zu früh in diese Welt hineingeworfen zu werden und die ersten Wochen, verlassen von allen guten Geistern, in einem Brutkasten zu verbringen
- Plötzlich und unvorbereitet aus der innigen Verbindung mit der Mutter gerissen zu werden, weil diese nach einem Unfall oder wegen einer Krankheit im Krankenhaus versorgt werden muss

- Zwar funktional alles Wichtige bekommen zu haben, Essen, ein warmes Bett, Schulbildung, Klavierunterricht, aber doch ohne Einfühlung, ohne wirkliche Anteilnahme aufzuwachsen
- Als Kind für mehrere Wochen ins Krankenhaus zu müssen, nur einmal am Tag Besuch zu bekommen und ansonsten mutterseelenallein zu sein
- Unter dem Einfluss depressiver oder gewalttätiger Eltern aufzuwachsen
- Von den Eltern fortgeschickt zu werden und ohne die geliebten Schwestern und Brüder bei Großeltern, Tanten oder in einem Heim aufzuwachsen
- Allein unter Fremden in einem Bunker zu sitzen, während draußen Krieg tobt
- Unter dem Eindruck von Flucht und Verfolgung ins Leben zu starten, wo alles andere wichtiger ist als wohlwollende Zuwendung

Vielleicht gab es andere Umstände, die dir zugemutet haben, für längere – für deinen Organismus zu lange – Zeit mit dir allein zu sein. Vielleicht gehörst du zu der Generation, in der es allgemein üblich war, Kinder nach festen Zeitplänen zu stillen und sie in der übrigen Zeit schreien zu lassen und nicht zu trösten. Der damals propagierte Erziehungsstil hat Kindern und Müttern gleichermaßen Leid angetan. Denn Verbindung ist keine Einbahnstraße. Während den Kindern die Zuwendung, die Wärme, die Berührung und die Schwingung der mütterlichen Stimme zur Beruhigung fehlte, konnte auch keine Wärme, Berührung, Schwingung vom Kind zur Mutter fließen, um diese ruhig zu stimmen und ganz präsent werden zu lassen. Beiden fehlte Zuneigung, ihre Körper neigten sich einander nicht zu, sodass die Nervensysteme nicht miteinander kommunizieren und sich gegenseitig stabilisieren konnten. Es ist, als würden sich die Organismen fremd bleiben, statt auf einer Welle zu schwimmen. Oft bleibt diese Fremdheit ein Leben lang zwischen Müttern und ihren Kindern bestehen und alle kämpfen später mit ihrem »nicht so innigen« Verhältnis. Ohne es zu wollen, werden solche Bindungswunden von Generation zu Generation weitergegeben. Um sie zu heilen, müssen wir die kindliche Not in uns selbst beruhigen.

Kinder überwinden Angst und Schrecken am besten, wenn eine Vertrauensperson sie in ihre schützenden Arme schließt, mit wenigen sanften Worten zu ihnen spricht und sie zusammen einfach in ruhiger, unaufgeregter Atmosphäre warten, bis der Schreck vorüber ist, und das Kind sich dann aus eigenem Verlangen aus den liebenden Armen befreit und der Welt neugierig zuwendet.

Manchmal müssen wir uns selbst diese Vertrauensperson sein und uns selbst signalisieren, dass es hier und jetzt nicht gefährlich ist, loszulassen, runterzufahren, zur Ruhe zu kommen. Dabei helfen

- liebevolle Augen
- eine wohlwollende, sanfte Stimme
- feste, sichere oder zärtliche Berührungen
- gute, bekömmliche Nahrung.

Du kannst deine rastlose Einsamkeit überwinden, wenn du dich dem einsamen, verängstigten und aufgewühlten kleinen Wesen in dir zuneigst und über positive Sinneserfahrungen besänftigst. Niemand sonst kann das tun. Nicht deine Mutter, denn du bist kein Säugling mehr; nicht dein Mann oder deine Frau, denn sie beziehen sich auf die Erwachsene in dir. Kein Job, keine Auszeichnung, keine Droge kann dir deine Einsamkeit nehmen. Nur du kannst dir selbst die Zuwendung geben, die dieser verängstigte Aspekt in dir jetzt braucht. Hier kommt eine Übung, in der du das liebevolle Schauen nutzen kannst.

SELBSTERFAHRUNG

In Momenten, in denen du dich verlassen, einsam, hilflos, abgeschnitten, unwert fühlst, stelle dich vor den Spiegel und schau dir selbst ins Gesicht: mit Anteilnahme, aber ohne mitleidig zu verschmelzen, schau tröstend, wohlwollend, annehmend und sanft. Eine Weile wird es merkwürdig sein, denn du wirst dein verzerrtes, leidendes Gesicht sehen, während du dich bemühst, besänftigend zu schauen. Zwei sehr gegensätzliche Erfahrungen in ein und demselben Gesicht. Lass dich nicht beirren. Nimm das Gesicht im Spiegel wahr, als wäre es das leidende Gesicht eines anderen. Und dann schenke diesem dein fürsorglichstes, freundlichstes, sanftestes Antlitz. Mit der Zeit wirst du erleben, wie sich das Gesicht im Spiegel zu einem sanften freundlichen Gesicht verwandelt. Du wirst erleben, dass diese Übung beruhigend auf das gesamte Nervensystem und den Körper als Ganzes wirkt. Auch ohne Not ist es empfehlenswert, ab und zu in den Spiegel und sich selbst sanft und wohlwollend in die Augen zu schauen.

Wenn du sehr aufgewühlt bist, kann das stille Sitzen für die Atembetrachtung zu schwierig sein. Dann mache stattdessen eine Gehmeditation. Meditatives Gehen unterstützt unseren Kontakt mit dem sicheren Boden und erdet uns. Es bewegt die überschüssige Energie der Unruhe sanft in unserem Körper, sodass sie sich verteilen kann und sich nicht unangenehm an einem Ort ballt. Meditatives Gehen ist einfach und trotzdem braucht es deine volle Aufmerksamkeit: dein offenes Wahrnehmen einzelner Details und des Bewegungsablaufes als Ganzes. Öffne deine Wahrnehmung für das Heben eines Fußes, nimm wahr, wie dieser durch die Luft streicht und sich wieder zum Boden senkt. Nimm den anderen Fuß fest am Boden stehend wahr. Spüre, wie sich dein Körpergewicht von einem Fuß auf den anderen verlagert, spüre auch die kleinen Momente des Balancierens auf einem Fuß und die Stabilisierung, die sich einstellt, wenn für kurze Zeit beide Füße den Boden berühren. Sei präsent und empfänglich für die Momente von Unsicherheit und Stabilität, von Verwurzelung und Freiheit. Lass den Atem dabei so fließen, wie er natürlich kommt – vielleicht ist er tief oder flach, langsam oder schnell, stockend oder fließend. Im Laufe der Gehmeditation werden sich Atemrhythmus und Gehrhythmus aufeinander zubewegen und harmonisieren, ohne dass du etwas tun musst.

In dem Büchlein *Achtsamkeit in der Partnerschaft*, das ebenfalls in der Reihe »Achtsam leben« erschienen ist, gibt es eine Liste mit weiteren Übungen, mit denen du deinen Körper besänftigen und beruhigen kannst. Einige Übungen habe ich aufgenommen. Du kannst sie auf meiner Webseite herunterladen, sodass du ausprobieren kannst, wie eine wohltuende Stimme auf dein Nervensystem wirkt.

Es kann aber auch sein, dass es mehr braucht als Entspannung, um die Geister der Vergangenheit aus dem Körper zu vertreiben. Sei offen und empfänglich für den Gedanken, dass dein Organismus eine lebendige Person im Außen braucht, um sich von den Strapazen von damals zu erholen. Wenn du dich einer Begleitung anvertraust, die gemeinsam mit dir erkundet, welche Verletzungen und Ängste du als junges Menschlein überstehen musstest, könnt ihr gemeinsam dieses kleine Wesen in dir »nachbeeltern«. Therapeut:innen fungieren dabei wie Hebammen, sie begleiten junge, unerfahrene Eltern für eine Weile und zeigen ihnen, wie sie am besten für ihr Kleines da sein können, bis die Eltern diese Zuwendung ganz ohne fremde Unterstützung mit Freude und Selbstbewusstsein eigenständig übernehmen.

Ich habe immer wieder in meinen Meditationskursen und in der Einzelarbeit erlebt, wie viel Erleichterung es Menschen verschafft, wenn sie sich und ihre körperliche Unruhe in der Stille besser verstehen, und hoffe mit diesem Text auch für dich eine Tür zu mehr (Selbst-)Verständnis und damit Selbstverbindung zu öffnen. Stimmige Erklärungen erreichen in der Regel nicht nur den Verstand. Das Tröstliche, das ihnen innewohnt, führt häufig zu einem tiefen Auf- und Ausatmen. Etwas wird nicht nur kognitiv verstanden, sondern auch im ganzen Körperraum als Wahrheit erkannt. Aus diesem physischen und geistigen Erleben heraus können belastende Gedanken, wie »Mit mir stimmt was nicht«, »Ich mache etwas falsch«, »Meditation ist nichts für mich« verfliegen. Durch ganzheitliches Erkennen, durch Verstehen auf kognitiver, emotionaler und körperlicher Ebene, wird es für viele leichter, mit der Unruhe in Frieden zu kommen und sie bald nicht mehr als solche wahrzunehmen. Wenn du mit den Übungen experimentierst, spielerisch, ohne Druck, dann macht wahrscheinlich auch dein Organismus Zug um Zug die Erfahrung, dass das in Stille und mit dir allein Sein heute keine Bedrohung, sondern eine Energiequelle ist, und lässt sich immer bereitwilliger auf diese Situationen ein.

Wie immer sich dein Körper verhält, begegne ihm mit Respekt und Wohlwollen. Beobachte und sei Zeugin für seine Grenzen und Möglichkeiten. Erkenne, dass du einen Körper hast – jedoch nicht dein Körper bist. Wir tendieren dazu, uns mit unserem Körper zu identifizieren. Das ist fatal, denn der Körper ist anfällig für Verletzungen, Alterung, Schmerz und Begrenzung. Sich damit zu identifizieren, hieße sich selbst zu begrenzen. Lerne einen Umgang mit deinem Körper, der zu einer Freundschaft wird. Gute Freund:innen sind mal in vollkommener Harmonie vereint und schwimmen auf einer Welle – und dann gibt es Phasen, in denen sie sich voneinander distanzieren. Jede:r hat einen eigenen, anderen Rhythmus, eine eigene Wahrnehmung und Sichtweise. Für eine Freundschaft ist das kein Problem, mit Achtung und Wohlwollen, Freiheit und Fürsorge gehen Freund:innen durch jede Zeit.

3

Zu dir nach Hause kommen

»Ich frage mich, warum ich mich im Alltag so stark ablenke! Und damit meine ich, dass ich entweder den Fernseher laufen habe oder einen Podcast höre. Ich verfolge das nicht immer aufmerksam, aber ich sorge dafür, dass immer etwas rauscht. Was versuche ich zu vermeiden? Was drücke ich weg? Was ist so schlimm an/in meinem Leben, dass ich mich lieber ›betäube‹, als mein Leben zu leben?«

Annette, Teilnehmerin eines Retreats

Hast du schon mal ein Tier gesehen, das seiner selbst überdrüssig ist? Sicher nicht, denn Tiere sind sich selbst genug. Wenn sie satt und sicher sind, weder jagen noch Nester bauen, sind sie einfach da. So wie es ihre Natur ist – manche schwimmen, andere fliegen, wieder andere spazieren durch die Gegend oder dösen. Geschäftigkeit kennen Tiere nur in Bezug auf ihre Grundbedürfnisse. Manche müssen dafür ohne Unterlass emsig sein wie die Bienen, anderen genügt es, einmal im Monat Beute zu machen und den Rest der Zeit zu verdauen. Doch alle Betriebsamkeit steht in unmittelbarem Bezug zu ihrem physischen Überleben. Der Rest ist einfach Dasein. Ich sage nicht, dass Tiere die übrige Zeit genießen – denn davon ist mir nichts bekannt. Ich meine, sie sind einfach da, so wie sie eben sind und wie es ihrer Natur entspricht.

Wir Menschen tun uns schwer, einfach so da zu sein, wie wir sind. Selbst wenn wir physisch satt und sicher sind, verspüren wir weiterhin Unruhe und Verlangen. Es ist schwer zu begreifen, dass Verlangen und Sehnsucht zu unserer Natur gehören. Daher wollen wir sie loswerden und versuchen, sie mit allen möglichen Dingen zu stillen. Wir sind ständig damit beschäftigt, etwas zu erreichen, zu erwerben, zu erarbeiten, zu genießen, zu erleben, hinzuzufügen, loszuwerden. Trotzdem wird unsere Sehnsucht nie ganz erfüllt. Das Unerfülltsein nagt an uns und macht uns unzufrieden. Tiere kennen Hunger, emotionale Unzufriedenheit ist ihnen aber fremd. Die einzigen Tiere, die wie wir Menschen an Unzufriedenheit leiden, die neurotisch und anhaltend ängstlich, aggressiv, apathisch oder ruhelos sind – sind solche in Gefangenschaft.

Einfach da sein

Wenn du dich in deinem Dasein einsam fühlst – ängstlich, angespannt, lethargisch bist oder rastlos hin und her tigerst –, könnte es daran liegen, dass auch du gefangen bist. Ohne wirklich zu wissen, was es ist, spürst du vielleicht Enge und hast das Gefühl: »Ich muss hier raus!« Raus aus der Wohnung, raus aus der Partnerschaft, raus aus dem Job, der Mutterrolle, der spießigen Gesellschaft – einfach raus und endlich frei sein!

Wir suchen am falschen Ort nach Freiheit!

Wir Menschen haben ein natürliches Verlangen nach Freiheit, Unbeschwertheit, glücklichem Dasein. Weil wir uns jedoch nicht in der Tiefe damit beschäftigen, welche Freiheit wir meinen und wie wir sie erlangen können, suchen wir Erfüllung in Dingen: Reisen, Partner:innen, Eigenheimen, Geld, Erfolg, guten Gefühlen. Die Freiheit, die wir suchen, liegt jedoch nicht in diesen Dingen, sondern darin, ganz wir selbst zu sein. Ganz bei sich, im Einklang mit der eigenen Natur, dem eigenen Wesen zu sein, und sich dessen bewusst zu sein, ist eine tiefe Sehnsucht, die uns zum Menschen macht und uns von allen anderen Lebewesen unterscheidet.

> »Der Sinn des Lebens besteht darin, glücklich zu sein.«
>
> *Dalai Lama*

Nimm dir einen Moment und horch in dich hinein. Teilst du diese Sehnsucht? Forsche weiter und frage dich: Wann habe ich mich das letzte Mal ganz frei, glücklich und ganz bei mir selbst zu Hause gefühlt?

SELBSTERFAHRUNG

Erinnere dich, nimm dir Zeit. Was war das für eine Situation? Wo warst du? Wer war mit dir? Was hast du getan, gesehen, gehört? Wie war deine Stimmung? Woran hast du gedacht? War dein KörperGeist lebendig, leicht, oder negativ, bedrückt? Wodurch ist Freiheit entstanden?

Was hat dazu beigetragen, dass du dich ganz bei dir gefühlt hast? Was ist die Natur dieses Zustandes, was ist deine natürliche Art zu sein? Schau auch, ob etwas *nicht* da war, was zu anderen Zeiten diese innere Freiheit beschneidet.
Mach dir Notizen! Lass die Erinnerung ganz lebendig werden – mit so vielen Details wie möglich. Nimm auch wahr, wie es jetzt ist, wenn du dich dieser Erinnerung widmest. Wie fühlt sich dein Körper an? Wie erlebst du deinen Geist, deine Gedanken, deine Gefühle? Finde Worte, die deine Verfassung beschreiben:

Vergleiche diese Wörter mit der Liste aus Kapitel 1. Finden sich überwiegend Gegensätze zu den Einsamkeitsworten auf deiner Liste? Sind es Worte, die innere Verbundenheit zum Ausdruck bringen – wie »gesammelt«, »zentriert«, »ausgeglichen«, »sicher«, »ruhig«, »frei«? Mach dir klar, dass diese Qualitäten damit einhergehen, ganz du selbst zu sein. Das heißt nämlich auch, dass Gefühle und mentale Zustände, die von diesen Qualitäten abweichen, dich darauf aufmerksam machen, dass du die Verbindung zu dir selbst verloren hast.

Wenn wir unseren Kompass auf Einklang, Natürlichkeit und Freiheit einstellen, finden wir die innere Landschaft, in der wir uns mit uns selbst verbunden und zu Hause fühlen. Hier ist es gut, leicht, stimmig. Hier wird unser Verlangen nach äußeren Dingen still. Doch häufig ist unser Kompass nicht auf uns selbst, auf unser Wesen, unsere Natur eingestellt, sondern führt uns in ganz andere Gegenden – an innere Orte, an denen Ängste, Sorgen Zweifel, Erwartungen, Ehrgeiz, Neid, Gier, Selbstabwertung und Unsicherheit ihr Unwesen treiben. Manchmal verirren wir uns im Dickicht dieser negativen Empfindungen oder Gedanken und drehen uns schon bald im Kreis. Doch anstatt anzuhalten, uns zu orientieren und uns dann mit Mut und Entschlossenheit einen Weg raus aus dem Dickicht zurück zu uns selbst zu bahnen, geraten wir tiefer und tiefer ins Unterholz. Irgendwann vergessen wir, dass ein Leben ohne Angst, Sorgen, Neid, Gier, Selbstzweifel möglich ist, und fristen ein Dasein im dornigen Unterholz, ohne uns je richtig zu Hause zu fühlen.

Sich in Ruhe umschauen

Wann immer du dich in deinem eigenen Leben unzufrieden und fremd fühlst, halte inne. Versuche nicht blindlings, irgendwelche äußeren Dinge zu ändern. Begrüße deine Sehnsucht, das Gefühl, unerfüllt zu sein. Betrachte dieses Gefühl wie einen

Fixstern am Firmament und lass dich von ihm nach Hause führen. Werde still. Kehre bei dir selbst ein. Lass dich bei dir nieder, leiste dir selbst Gesellschaft, nimm Kontakt zu deinem Dasein, deiner Natur auf. Dafür ist gar nichts Besonderes nötig:

SELBSTERFAHRUNG

- Jeder Atemzug bietet eine Gelegenheit, heimzukommen und die Wellen deines Lebensstroms zu fühlen.
- Jeder Schritt bietet die Chance, bewusst zu spüren, dass du jetzt, hier in diesem Körper, auf dieser Erde wandelst.
- Schau in den Himmel, lass deine Gedanken mit den Wolken ziehen, entspanne dich immer mehr, bis äußerer und innerer Himmel eins werden.
- Setze dich unter einen Baum, lehne dich an seinen Stamm und spüre, wie du immer mehr Halt findest und bei dir selbst ankommst.

Öffne dich mit jeder Pore für dein Dasein – ohne etwas Bestimmtes zu tun, zu ändern, zu wollen. Lass einfach fallen, was dich eng, unruhig, neidisch, ängstlich macht. Wie? Indem du Empfindungen und Gedanken einfach nur beobachtest, ohne ihnen Energie zu geben. Innere Diskussionen und Rechtfertigungen schüren das Feuer von Gier, Neid, Ärger, Angst. Wenn wir kein Öl ins Feuer gießen, wenn wir die Gedanken nur wahrnehmen, ohne sie zu bestätigen oder zu hinterfragen, wenn wir Emotionen nur wahrnehmen, ohne sie zu begründen, zu dramatisieren, zu rationalisieren oder vielleicht auch herunterzuspielen, können sie sich nicht in uns ausbreiten. Wie bei einem Feuer, dem wir den Sauerstoff entziehen, erlöschen sie. Übrig bleibt das reine Sein – pure Lebendigkeit. Die Erfahrung, anzukommen und zu Hause zu sein. Das ist Meditation. Meditation ist loslassen – im Unterschied zu wegschieben, abstoßen, verdrängen – und ganz da sein. Meditation ist keine spezielle Technik. Aber es gibt zahlreiche Techniken, die Meditation – Dasein – unterstützen und einladen.

Meditationstechniken helfen uns auch zu erkennen, wer oder was uns davon abhält, bei uns selbst zu Hause zu sein. Erst wenn wir still werden, bekommen wir mit, wie unser Geist permanent auf Wanderschaft geht und sich in Vergangenheit und Zukunft verliert.

Ein Rendezvous mit uns selbst gibt es nur im Hier und Jetzt!

Nutze also Innehalten und Stille, um dir dein Zuhause näher anzuschauen. Fühlt es sich lebendig, friedlich und klar an? Oder wirst du im Inneren von tausend Stimmen bedrängt? Stimmen, die dir sagen, was du tun oder lassen sollst, was du verpasst, was man über dich denkt, wie es mit dir enden wird, dass es nicht reicht, dass du nicht genug und selbst schuld bist? Wir tragen viele dieser Stimmen in uns. Ihr Tuscheln, Rufen und Fordern webt ein unsichtbares Netz von Erwartungen, Sehnsüchten, Sorgen, Zweifeln, Ängsten und nimmt uns darin gefangen. In Gesellschaft dieser Stimmen fühlen wir uns aus zwei Gründen unwohl: Erstens haben wir vorrangig Stimmen verinnerlicht, die negativ sind. Sie bombardieren uns mit Warnungen, Zweifeln, Kritik, Forderungen und füllen uns mit Negativität. Das ist sehr ungemütlich. Diese Stimmen schaffen in unserem Inneren keinen Ort, an dem man sich behaglich niederlassen möchte und willkommen fühlt. Der zweite Grund, weshalb wir uns in Gesellschaft dieser Stimmen nicht heimisch fühlen, liegt darin, dass diese Stimmen fremd sind.

Zeit zum Aufräumen

Es ist nicht deine Stimme, die dir zuflüstert, was du brauchst, kannst, tun oder lassen sollst.
Es sind die Stimmen von Vater, Mutter, Großeltern, Lehrer:innen, Gurus, Internetstars, Freund:innen, Feind:innen, der Gesellschaft. Wir haben diese Stimmen in uns aufgenommen und glauben, sie gehörten uns. All das, was die Stimmen sagen, ist jedoch nur in uns hineingetragen und abgelegt worden. Im besten Fall haben wir es uns geliehen. Nichts davon ist uns im wahrsten Sinne des Wortes zu »Eigen«. Keine dieser Aufforderungen, Meinungen und Kommentare stammt wirklich von uns selbst. Kein Wunder, dass wir uns in unserem eigenen Haus, das bis unter das Dach mit dem Zeug anderer Leute vollgestopft ist, nicht wohlfühlen, geschweige denn zufrieden niederlassen wollen. Es ist Zeit, aufzuräumen und Hausputz zu machen. Teile dir die Aufräumarbeiten in zwei Schritte ein:

SELBSTERFAHRUNG

Beginne damit, die inneren Stimmen bewusst wahrzunehmen und zu erkennen, zu wem sie gehören. Sobald du einen Gedanken in dir wahrnimmst, der nach einem dieser Muster gestrickt ist:

Du musst …

Du sollst (nicht) …

Du darfst (nicht) …

Du bist (nicht) …

Du kannst (nicht) …,

halte inne. Stoppe sofort, egal womit du gerade beschäftigt bist. Ob du bügelst, meditierst oder mit deinen Kindern spielst. Halte inne und mache dir klar, wer da im Inneren zu dir spricht. Und dann sage dir innerlich oder laut: Das bin nicht ich, das ist Mama, Opa, Lehrer Lampe, die Kirche oder die Leute im Club, in der Nachbarschaft, in der Szene. Benenne die Person oder Gruppe, für die diese Aufforderung, Meinung, Einstellung typisch ist. Setze deine Tätigkeit erst fort, wenn dir klar ist, wer dir da gerade innerlich Anweisungen erteilt.

Zu Beginn ist es gar nicht so leicht mitzubekommen, von wessen Sichtweisen und Meinungen wir unser Leben bestimmen lassen. Aber mit der Zeit wird es immer klarer. Die Zuordnung zu Personen schafft Distanz zwischen dir und den inneren

Stimmen. Du erkennst sie als fremd und löst dich damit aus der Identifikation. Wenn du nach einigen Wochen im Erkennen der Stimmen sicherer geworden bist, geh zum nächsten Schritt über:

SELBSTERFAHRUNG

Achte auf die Tonlage – ist das, was du innerlich hörst, wohlwollend, klar, einfach? Dann höre gut zu und schenke dieser Stimme deine volle Aufmerksamkeit. Lass das Gute wie warmes Sonnenlicht und frische Luft in dein Heim einziehen, sodass es die Atmosphäre deines Hauses erfüllt und du dich bei dir selbst wohl und sicher fühlst. Gib den Menschen, denen diese Stimmen gehören, einen Platz in deinem Herzen – danke ihnen für ihren Besuch und teile ihnen mit, dass du von nun an deinen eigenen Gedanken, Meinungen und Impulsen folgst. Führe die Stimmen dann an die Tür und verabschiede dich dort von ihnen. Wenn du magst, bitte um ihr Wohlwollen, wenn du von nun an deinen eigenen Weg gehst.

Wenn die Stimmen ungehobelt sind, die Atmosphäre vergiften, vielleicht sogar Chaos anstellen oder dein Heim verwüsten – begrüße auch sie und höre ihnen zu. Erkenne, wie sie wirken, was sie für eine Geschichte haben, was sie antreibt, was ihre Sorgen und Ängste sind. Nimm auch wahr, was du von ihnen und durch sie gelernt hast oder jetzt in diesem Moment des Erkennens lernst. Wir können aus jeder Begegnung, auch aus der trostlosesten oder schmerzvollsten, etwas lernen, wenn wir uns ihrer bewusst werden. Danke den Menschen, denen diese Stimmen gehören, für das, was du lernen konntest. Teile ihnen mit, dass du von nun an deinen eigenen Gedanken, Meinungen und Impulsen folgst. Führe sie zur Tür, wünsche ihnen für ihren weiteren Weg alles Gute und verabschiede dich dann von ihnen.

Wenn wir uns von der Negativität unserer Vorfahren, Eltern, Lehrer:innen und gesellschaftlicher Konventionen trennen wollen, gehen wir genauso vor wie bei einer Haushaltsauflösung. Bei einer Entrümpelung nehmen wir jeden Gegenstand in die Hand, prüfen ihn und entscheiden dann, ob er wegkann oder ob wir ihn behalten. Manche Dinge behalten wir aus Dankbarkeit, im Gedenken an jemanden, der oder die uns viel bedeutet. Manche Dinge sind, egal von wem sie kommen, einfach nützlich und es wäre töricht, sich von ihnen zu trennen. Doch vieles bringt uns weder Nutzen, noch erfreut oder bereichert es uns. Von solchen Dingen sollten wir uns trennen und sie entweder durch etwas ersetzen, was uns wirklich entspricht, oder uns an der Bewegungsfreiheit freuen, die uns der gewonnene Platz schenkt.

DAS GASTHAUS

Das menschliche Dasein ist ein Gasthaus.
Jeden Morgen eine neue Ankunft:
Mal Freude, mal Depression, mal Niedertracht,
Ein Moment der Achtsamkeit kommt als
unvermuteter Besucher.
Begrüße und bewirte sie alle!
Auch wenn es eine Horde von Sorgen ist,
Die gewaltsam alle Möbel aus deinem Haus fegt.
Dennoch, behandle jeden Gast ehrenvoll.
Vielleicht macht er dich frei für neue Freuden.
Düstere Gedanken, Scham, Bosheit,
Begegne ihnen an der Tür – lachend –
Und bitte sie herein.
Sei dankbar für jeden, der kommt,
Denn ein jeder wurde zu dir geschickt
Als Führer aus einer anderen Welt.

Rumi

Bestimmen, wer zu Besuch kommen darf

Wir Menschen haben die Tendenz, uns an Negatives anzuheften. Negatives fällt uns als Erstes ins Auge und wir vergessen es als Letztes. Negatives beherrscht die allgemeine Konversation – in den Medien, am Abendbrottisch, bei der Begegnung im Treppenhaus, am Gartenzaun, auf Facebook, Twitter und an der Theke. Überall ist die Rede von schlechtem Wetter, schlechter Politik, schlechter Gesundheit. Kein Wunder, dass auch die Stimmen in unserem Inneren hauptsächlich mit dem Schlechten befasst sind. Das Schlechte übt eine hohe Anziehungskraft aus. Man kann diese Tendenz damit erklären, dass unser Gehirn seit seiner Entstehung vor Millionen von Jahren darauf geeicht wurde, nach Gefahren – also Negativem – Ausschau zu halten. Das Negative hatte im Überlebenskampf immer eine größere Bedeutung als das Angenehme. Die Orientierung auf Gefahr, Problem, Schwierigkeit ist für das Überleben in freier Wildbahn und auch in lebensbedrohlichen Notsituationen in der Zivilisation sinnvoll. Wenn wir uns jedoch vorrangig am Negativen orientieren, wird unser Leben zu einer Dauernotsituation, einem ständigen Überlebenskampf. Im Überlebensmodus sind wir mehr mit unserem Instinktwesen als mit unserer menschlichen Natur verbunden. Glück und Erfüllung sind Qualitäten, die in der Instinktnatur nicht existieren. Instinktgesteuerte Wesen kennen grob ausgedrückt nur fressen, trinken, schlafen, Behausung bauen, fortpflanzen, nach Gefahren Ausschau halten und abwehren. Die Fixierung auf Negatives macht uns Menschen grob und unempfänglich für den feinen Duft von Glück und Erfüllung.

Wenn du in die Negativitätsfalle geraten bist, ist das kein Fehler, sondern liegt daran, dass die Menschheit in ihrer Entwicklungsgeschichte noch in den Kinderschuhen steckt. Schau dich um – Negativität findet überall statt. Doch was uns Menschen von anderen Lebewesen unterscheidet, ist unsere Fähigkeit, uns unserer selbst, unserer Gedanken, Handlungen und Gefühle bewusst zu werden. Wir haben die Wahl, welchen Gedanken und Gefühlen wir folgen wollen – den förderlichen oder den destruktiven.

Echtes Menschsein beginnt da, wo wir uns von Bewusstsein und Erkenntnis statt von Überlebensinstinkten leiten lassen.

Folgende Experimente werden dich dabei unterstützen, dich aus Negativität zu lösen und bei dir selbst anzukommen:

SELBSTERFAHRUNG

Nimm dir vor, dich für eine Woche konsequent von Negativität zu distanzieren. Wenn jemand negativ spricht – sich über das Wetter, die Nachbarn oder die Politik beklagt –, beende das Gespräch und gehe.
Wenn du im Inneren negative Kommentare hörst, halte sofort inne. Sage laut oder stumm »STOPP« und mache eine bewusste Gegenaktion. Schau in eine andere Richtung, betrachte ganz bewusst deine Umgebung im Hier und Jetzt. Ich fange manchmal an zu singen oder zu tanzen oder schaue in den Himmel und lasse mich von seinem tiefen Blau erfüllen. Ich lasse nicht zu, dass Negativität in mir Raum greift.

Mach dir klar, dass immer, wenn du zu der Negativität von jemand anderem NEIN sagst, du JA zu deinem inneren Zuhause sagst. Wenn du Medien nutzt, lasse nicht zu, dass du mit Negativität angefüllt wirst. Unterscheide zwischen Information und Fakten auf der einen Seite und Sensationssucht und Neugierde auf der anderen. Übe dich im

Zuwenden und Lösen. Nichts wird in der Welt besser, wenn du dich von einer Lawine negativer Meldungen, Bilder und Kommentare überrollen und vereinnahmen lässt. Behalte die Kontrolle über deine Energie. Entscheide über das Maß, die Zeiten und Umstände, unter denen du dich der äußeren Welt mit all ihren Facetten zuwendest. Fakten sind nie negativ – sie sind, was sie sind: Realität. Erst wenn wir in impulsive Reaktion gehen, Stimmung machen und uns in Kampf- und Fluchtreaktionen verstricken, werden Fakten zu Negativität.

Meditation wird dir helfen, auf Fakten nicht instinkthaft zu reagieren, sondern mit bewusstem Verhalten angemessen darauf zu antworten.

SELBSTERFAHRUNG

Eine weitere gute Übung, um Negativität zu reduzieren, ist das innere Lächeln:
Wann immer es dir einfällt und du gerade nichts Besonderes zu tun hast, entspanne dich und lass ein Lächeln entstehen. Es ist nicht notwendig, dass deine Lippen lächeln oder dass du eine heitere Grimasse ziehst. Das Lächeln ist eher etwas, was aus deinem Inneren entsteht und sich in jede Zelle ausbreitet. Fast geschieht es ganz von allein,

wenn du dich einfach entspannst und deinen Atem beruhigst. Wenn du also an der Bushaltestelle sitzt oder beim Arzt oder am Schreibtisch, richte deine Aufmerksamkeit nach innen. Das geht auch mit geöffneten Augen. Entspanne deinen ganzen Körper, entspanne deinen Atem und lass ein Lächeln kommen. Mehr kann man gar nicht erklären – es ist ganz einfach. Es geht nicht darum, eine rosarote Brille aufzusetzen, aber den realen Herausforderungen des Lebens sind wir eher gewachsen, wenn wir innerlich wohlwollend und ausgeglichen als gereizt und missmutig sind.

Mache dich so oft du kannst mit deinem inneren Raum vertraut und begegne deinem Alleinsein mit Offenheit – ohne Angst, ohne etwas ändern zu wollen. Förderlich ist es, sich von Zeit zu Zeit wirklich auch physisch von allen äußeren Einflüssen loszulösen und zurückzuziehen. Manche Traditionen nennen das Retreat – Rückzug. Verbringe gelegentlich Zeit an einem Ort, der deinen Einklang mit deiner eigenen Natur unterstützt. Gesunde Landschaften bieten beste Bedingungen, in denen wir unsere Beziehung zu unserer eigenen Natur heilen können. Beginne allmählich, vielleicht mit einer Stunde pro Woche, in der du dich in den Wald oder auf eine Wiese setzt oder einfach unter einen Baum im nächsten Park. Tue nichts

Besonderes. Lasse Podcasts, Meditationsanleitungen, Bücher und Strickzeug zu Hause. Nimm nur dich selbst mit und verbringe einfach eine Stunde mit dir selbst in heilsamer Umgebung.

> »Wir erkennen, was lebendig ist, als unsere Heimat.«
>
> *Andreas Weber,* Teilen und Sein

Achte darauf, dass du nicht zu sehr ins Denken abschweifst und damit an andere Orte und zu anderen Ereignissen gezogen wirst. Nutze lieber die Atembetrachtung aus Kapitel 2. Aber auch das lass nicht zu einem Job, zu einer Aufgabe werden. Entspanne dich und erlaube dir, ganz ohne Ziel Zeit mit dir selbst zu verbringen.

Raum für dich schaffen

Indem wir uns von äußeren Einflüssen und verinnerlichten Gedanken, Ratschlägen, Meinungen anderer Menschen trennen, schaffen wir Raum für Eigenes. Es ist absolut normal, dass zunächst nichts auftaucht, was du dein Eigen nennen würdest. Dieses »Nichts« kann ebenfalls Angst auslösen – das ist okay und nicht gefährlich. Unser Geist will einfach etwas haben, mit dem er sich identifizieren kann. Wir sind so daran gewöhnt, voll zu sein, dass es eine große Umstellung ist, Leere wahrzunehmen. Aber mach dir klar: Leere ist nur für einen hungrigen Magen ein Problem, ansonsten ist sie nichts anderes als freier Raum. Und nur wo Raum ist, kann sich etwas entfalten und erfüllen. Traue dich, leer zu werden, löse dich von unnötigen, gewohnheitsmäßigen Gedanken, die nur ein Echo der Vergangenheit sind, räum auf und setze altes Zeug an die Luft. Du wirst entdecken, dass dein innerer Raum nicht karg und trostlos ist, wenn alles Fremde fort ist. Es ist, als säßest du in einem Zimmer mit geschlossenen Fensterläden, ganz ohne Licht, und als würden sich deine Augen immer mehr an die Dunkelheit gewöhnen. Je länger du in der Dunkelheit verweilst und entspannt schaust, desto mehr kannst du sehen. Mit der Zeit bekommen die Dinge Konturen und nach und nach entdeckst du immer mehr Details, bis du ganz klar sehen kannst. Unser wahres Selbst ist nicht das, was wir gemeinhin unser Eigen nennen. Häufig definieren wir uns über unseren Job, darüber, ob wir Kinder haben oder nicht, welche Sportart wir betreiben, ob bzw. wo wir uns politisch engagieren, wohin wir in den Urlaub reisen, wie wir wohnen. Doch all das macht uns nicht aus. Was uns ausmacht, ist unser innerer Raum, die Atmosphäre, die in uns herrscht; die Art, wie wir die Welt sehen und ihr begegnen. Was uns ausmacht, ist unsere Subjektivität. Wir sind wie eine Melodie mit einem eigenen Rhythmus und Tönen, die sich zu einer ganz eigenen Klangfarbe arrangieren. Lausche und folge deiner Melodie. Die meisten Menschen folgen nicht ihrem eigenen Takt und hören nicht auf ihre Melodie. Sie essen nicht zu den Zeiten und nicht die Lebensmittel, die am bekömmlichsten für sie sind. Sie ruhen nicht, wenn sie müde sind. Sie singen nicht, wenn ihnen danach ist. Die meisten haben zu viele Dinge im Sinn, sodass sie viel zu schnell unterwegs sind. Andere sind erstarrt und haben gar keinen Rhythmus mehr. Sie verzichten auf Spiel, Sport, Handwerk und Tanz, obwohl sie ahnen, dass es sie beschwingen und beleben würde.

Finde heraus, was deine Melodie ist. Folge deinem eigenen Rhythmus. Du kannst beim ganz normalen Gehen beginnen. Wenn du einkaufen gehst, wenn du zum Bus läufst, wenn du die Wäsche in die Waschküche bringst – bewegst du dich in deinem Tempo, in deiner Art? Jede:r von uns ist eine ganz eigene Lebensform. Manche Bäume wachsen langsam, andere schießen in die Höhe. Manche Vögel haben einen schrillen hellen Ruf, andere gurren sanft. Finde heraus, in welchem Rhythmus und in welcher Klangfarbe du dich zu Hause fühlst. Achtung, zu Hause ist nicht unbedingt das, was dir vertraut ist. Zu Hause ist da, wo du dich lebendig, voller Energie, leicht, frei und geborgen fühlst.

Jederzeit wieder nach Hause finden

Der japanische Meister Nan-in empfing einen Professor der Philosophie zu Besuch. Dieser wollte von Nan-in erfahren, was Zen ist. Nan-in schenkte seinem Besucher Tee ein, doch auch als die Tasse schon voll war, goss er immer weiter. Der Professor sah zu, wie die Tasse überfloss, bis er nicht mehr an sich halten konnte: »Halt! Die Tasse ist schon übervoll, mehr geht nicht hinein!« Nan-in sagte: »Wie diese Tasse bist auch du voll von deinen eigenen Ansichten und Spekulationen. Wie soll ich dir Zen zeigen, bevor du nicht deine Tasse geleert hast?«

Quelle unbekannt

Lerne zu meditieren, denn Meditation führt dich jederzeit nach Hause. Wenn du zu den Menschen gehörst, die in der Stille von starken Gefühlen heimgesucht werden – wie Wut, Trauer oder Schmerz –, dann heißt das nicht, dass Meditation nichts für dich ist. Für dich könnten die dynamischen Meditationen von Osho eine gute Unterstützung sein. Osho, einer der bedeutendsten Mystiker des 20. Jahrhunderts, hat erkannt, dass wir modernen, westlichen Menschen innerlich sehr erregt sind und mit aufgestauten Gefühlen zu kämpfen haben. Für uns hat er Meditationsübungen entwickelt, in denen du zunächst Körper und Atem stark in Bewegung bringst, um festsitzende Energie zu lösen. Dann folgt eine Phase der Katharsis, in der Gefühle ausgedrückt werden – durch Stimme und Körperbewegungen – und dann erst folgt die Phase der Stille, die eigentliche Meditation. Außerdem hat er viele seiner Meditationen mit einer kurzen Phase beenden lassen, in der getanzt und gefeiert werden darf. Auch das ist sein Anliegen gewesen: Meditation nicht zu einer ernsten, sondern vollkommen freudigen und lebendigen Angelegenheit zu machen. Wenn dich meine kurzen Beschreibungen ansprechen, empfehle ich dir, diese Meditationen unter versierter Anleitung in einer Gruppe auszuprobieren. Auch wenn jede:r für sich alleine praktiziert, ist die Gruppenenergie unterstützend. Und es ist hilfreich, einen sicheren Raum für Austausch und Feedback zu haben, um innerlich nicht verloren zu gehen, sondern eine klare Ausrichtung zu bewahren.

4

Verbundenheit mit anderen

»Wenn wir alle ›eins‹ sind, dann sind wir mit allen ›guten Seiten‹, aber auch mit allen ›schlechten Seiten‹ der Menschheit verbunden. Und wie die Menschheit zurzeit drauf ist, will ich nicht immer verbunden sein! Es gibt so viel, was mir nicht guttut. Wie kann ich zwischen ›verbunden sein‹ und ›mich selber schützen‹ balancieren?«

Halima, Freundin, Weggefährtin, Kollegin

Genauso stark wie unsere Sehnsucht, ganz wir selbst zu sein, ist unser Wunsch, mit anderen zusammen zu sein. Unser Selbstsein ist zwingend auch ein Anderssein, denn kein Mensch ist genauso wie ein anderer. Es ist also vollkommen natürlich, dass wir uns abgrenzen. Dem gegenüber steht ein ebenso natürliches Bedürfnis, uns zu öffnen und vertrauensvoll auf ein Gegenüber einzulassen, in seine oder ihre Welt einzutauchen und sie oder ihn an unserer Welt teilnehmen zu lassen. Wir wissen in der Tiefe unseres Herzens, dass im Einlassen auf einen anderen Menschen Bereicherung, Erweiterung und Inspiration liegen. Doch das Einlassen schürt auch die Angst, sich zu verlieren – vereinnahmt, abhängig oder geschädigt zu werden.

Beides unter einen Hut bzw. in ein Herz zu bekommen, ist für viele von uns eine immense Herausforderung und so wird unser Leben nicht selten zu einem Drahtseilakt: ein kontinuierliches Ausbalancieren zwischen einer guten Verbindung mit uns selbst und der Verbindung mit anderen. Lehnen wir uns zu sehr in Richtung Selbst, drohen wir in Isolation und Einsamkeit abzustürzen. Lehnen wir uns zu sehr in die entgegengesetzte Richtung der Gemeinschaft, droht die Selbstaufgabe. Wir müssen wie ein Seiltänzer lernen, zwischen diesen beiden Polen die Balance zu halten. Dabei gilt es immer wieder, sowohl Grenzen auszuloten als auch Verbindung herzustellen.

Die richtige Balance finden

Verbindung entsteht in der Zusammenführung von zwei voneinander verschiedenen Dingen: Zwei Seilenden werden durch einen Knoten miteinander verbunden; zwei Bleche werden zusammengenietet; die Verbindung zweier chemischer Elemente führt zu einer Reaktion, aus der etwas Neues entsteht – beispielsweise verbinden sich Wasserstoff und Sauerstoff zu Wasser. In einer Verbindung bleibt die Identität jedes Einzelnen erhalten, sie können sich jederzeit wieder voneinander lösen und jedes Element kann für sich weiter existieren. Verbindung ist etwas vollkommen anderes als Verschmelzung oder Auflösung.

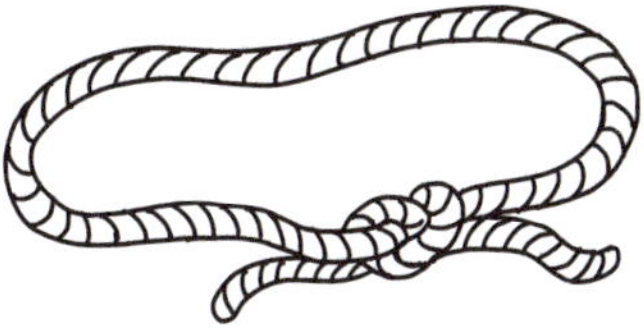

SELBSTERFAHRUNG

Nimm dir einen Moment Zeit. Reflektiere deine Art, in Verbindung zu gehen. Wie balancierst du zwischen den beiden Polen? Hast du eine Tendenz, wo du dich stärker engagierst? Verwendest du mehr Energie darauf, dein

Eigensein zu entfalten und möglicherweise auch gegen andere zu verteidigen, dich stark abzugrenzen? Oder bist du häufig darauf bedacht, mit und für Menschen da zu sein, dich in den Dienst einer gemeinsamen Sache zu stellen, dich anzupassen und den Gruppen- oder Familiengeist nicht zu stören? Neigst du dazu, dich selbst zu vergessen? Würdest du sagen, dass es dir gelingt, beide Aspekte in deinem Leben im Gleichgewicht zu halten? Auf welche Hindernisse, unguten Gefühle oder Ängste stößt du? Was sind deine »Tricks«: Wie bringst du es fertig, dich gelegentlich ein wenig von deinem Eigensein zu lösen und dich voll und ganz auf Menschen einzulassen – insbesondere, wenn sie ganz anders sind als du selbst? Und was brauchst du, um dich beizeiten wieder von Menschen zu distanzieren und ganz zu dir selbst zurückzukehren?

Ein Hochseilkünstler ist Experte darin, im Angesicht tödlicher Absturzgefahr die Balance zu halten – leicht und spielerisch. Was können wir von ihm lernen? Wir können uns vorstellen, dass das Seil unsere Lebendigkeit ist. Ein Fuß steht für unsere Individualität, das Ganz-bei-uns-selbst-zu-Hause-Sein. Der andere Fuß steht für die Kollektivität, unsere Verbindung mit anderen, das Geborgensein in der Gruppe. Als Lebenskünstlerin betonen wir mal den einen und mal den anderen Aspekt, doch niemals sollten wir den Kontakt zum

Seil, zu unserer Lebendigkeit, verlieren. Ein Drahtseilakrobat ist ständig in Bewegung. Permanent neigt er sich mal hierhin und mal dorthin und setzt dabei einen Fuß vor den anderen. Er kann es sich nicht leisten, längere Zeit an einem Punkt zu verharren. Sein Körper würde verkrampfen und ermüden. Absturz wäre die Folge. Der waghalsige Tanz über das Seil gelingt nur, wenn sich der Akrobat spielerisch und leicht von Augenblick zu Augenblick bewegt. So entsteht ein natürlicher Strom der Fortbewegung, ein kontinuierliches Lösen und Verbinden, ein Verlagern, Ausgleichen und Voranschreiten – Schritt für Schritt. Wenn wir uns auf diese Weise durch unser Leben bewegen, das heißt immer wieder neu schauen, wohin das Pendel schlägt, wie wir ausgleichen können, finden wir eine Balance zwischen Verbundenheit mit uns selbst und anderen.

Achtsamkeit und Meditation unterstützen dich darin, von Moment zu Moment zu leben. Nicht festzuhalten, nicht abzuwehren – sondern dich immer wieder zu öffnen für die Erfahrung des Augenblicks.

Wir Menschen tun uns schwer, uns diesem Fluss, dem stetigen Wechsel von Lösen und Verbinden, von Annäherung und Distanzierung anzuvertrauen. Wir sind nicht geübt darin, uns in eine Verbindung hinein- und auch wieder aus ihr herauszubewegen, wenn es an der Zeit ist. Statt spielerisch und spontan zu sein, lassen wir uns gerade in Beziehungen oft von Motiven leiten, die auf Beständigkeit abzielen. Das entspringt und entspricht unserem biologischen Streben nach Stabilität und Sicherheit. Und natürlich tut es jeder Gemeinschaft gut, wenn sich die Menschen aufeinander verlassen können. Zu viel Chaos und Unberechenbarkeit führen zu Stress und sind keine guten Voraussetzungen für harmonisches Zusammensein. Aber wenn wir Ritualen, Traditionen, Konventionen, Dos und Don'ts, Gewissensbissen und Loyalitätsansprüchen blind folgen – nicht etwa, weil wir sie von Herzen befürworten, sondern weil sie vermeintlich Stabilität und Sicherheit versprechen –, geraten wir in Abhängigkeit und Stagnation. Wie können wir diesen ebenfalls widerstrebenden Bedürfnissen – dem Wunsch nach Stabilität und Sicherheit und dem Wunsch nach Freiheit und Entwicklung – gerecht werden?

Auf die Motivation kommt es an

Wir können damit beginnen, zwischen einem aufrichtigen Interesse am *Zusammensein* und dem evolutionären Bedürfnis nach *Zugehörigkeit* zu unterscheiden. Dafür müssen wir nach innen schauen und unsere Motivation prüfen. Fühlen wir uns zu Menschen hingezogen, wollen wir mit ihnen zusammen arbeiten, gestalten, kommunizieren, feiern, sein, weil wir vom Herzen her wissen, dass dieses Miteinander Erweiterung, Bereicherung, geistig-emotionales Wachstum fördert und einem Ziel dient, das größer ist als wir selbst? Entspringt unser Wunsch nach Gemeinschaft einem zutiefst menschlichen, spirituellen Bedürfnis – und hat Freiheit darin einen Platz? Oder ist unsere Suche nach Kontakt und Verbindung eher von dem Bedürfnis nach Stabilität und Sicherheit motiviert, das unserem Überlebensinstinkt entspringt? Wenn wir Sicherheit suchen, werden wir ganz anders auf Menschen zugehen. Wir haben dann bestimmte Erwartungen und Ansprüche, wie diese Menschen sein müssen, damit wir uns sicher und geborgen fühlen. Nicht nur, dass wir die Freiheit des anderen beschneiden, ganz er oder sie selbst zu sein.

Wir schaffen auch scharfe Trennlinien. In uns entstehen Kategorien von Menschen, die zu unserem Sicherheitsgefühl passen, und solchen, die nicht passen. Wir sortieren sie in Schubladen für Freunde, Fremde oder Feinde ein – manchmal geschieht das in Bruchteilen von Sekunden. Das Etikett, das wir einem anderen Menschen geben, entscheidet über unser Denken, Fühlen und Verhalten. Gegenüber Freund:innen kommen unsere besten Seiten zum Vorschein: Wohlwollen, Anteilnahme, Toleranz, Geduld, die Bereitschaft zu helfen und zu trösten, zu teilen und zu schützen, miteinander zu feiern und sich aneinander zu erfreuen. Gegenüber Fremden sind wir höflich distanziert, ohne uns besonders zu engagieren. Menschen, denen wir mit ablehnenden Gefühlen begegnen, unterstellen wir insgeheim, dass sie falsch, nicht gut für uns sind – uns schaden. Schließlich rauben sie uns die Ruhe, behandeln Dinge, die uns lieb und teuer sind, nicht mit Sorgfalt, provozieren mit anderen Meinungen und Verhaltensweisen und stören damit unsere Ordnung und Orientierung in der Welt. Wenn wir diese reflexhafte Aufteilung in Freunde, Fremde und Feinde zulassen, führt unser Wunsch nach Geborgenheit genau zum Gegenteil: nämlich zu Trennung und Befremden.

Dass es den Zugehörigkeitsreflex gibt, können wir nicht ändern. Er ist evolutionär entstanden und noch heute in uns wirksam. Verständlich, wenn man bedenkt, dass wir Menschen nur in Gruppen überleben konnten. Doch in einer entwickelten, globalisierten Gesellschaft, die nicht länger durch Sippen und Stämme organisiert ist, ist es nicht mehr angemessen, unser Denken und Verhalten diesem Reflex unterzuordnen. Früher hatten Partnersuche und Heirat den Zweck, das Überleben von Großfamilien zu sichern, weshalb es keine individuelle Entscheidungsfreiheit gab und eigenwilliges Handeln nicht selten mit dem Tod bestraft wurde. Heute sollte keine den Tod fürchten, wenn sie eine:n andere:n Partner:in wählt, als die Familie es sich wünscht. Früher lebten Sippen und Völker relativ abgeschieden – wenn sich Fremde näherten, mit anderem Aussehen, anderer Bemalung oder anderer Hautfarbe, musste man damit rechnen, dass sie etwas im Schilde führten und nicht unbedingt friedlicher Absicht waren. In unserer Zeit sollte niemand mit Misstrauen reagieren, wenn er/sie auf Menschen mit anderer Hautfarbe und Sprache trifft. Früher wurde auf die Alten und Verletzten keine Rücksicht genommen, wenn ein Volk vom Sommer- ins Winterlager wanderte, weil das Überleben der gesamten Gruppe durch die Langsamen gefährdet wurde. Kein Mensch sollte heute noch Angst davor haben, zurückgelassen zu werden, wenn er sein eigenes Tempo wählt, schneller oder langsamer ist als der Rest. Doch im Bewusstsein der globalisierten Menschheit ist dieser Wandel noch nicht angekommen. Noch immer suchen wir Gruppenzugehörigkeit, grenzen Andersartige aus und halten so das kollektive Muster der Trennungsangst aufrecht.

SELBSTERFAHRUNG

Frage dich selbst einmal: Wo hältst du an Gruppenbewusstsein fest? Vielleicht bist du Fußballfan, glühende Anhängerin einer politischen Bewegung oder tust dich schwer damit, jemanden als Individuum zu sehen statt nur seine oder ihre Zugehörigkeit zu einer Religionsgemeinschaft. Mache eine Liste der Gruppen, denen du selber angehörst (Kollegium, Freundeskreis, Familie, Interessengemeinschaft). Dann markiere diejenigen Gruppen, in denen du dich frei und verbunden zugleich fühlst, wo du das Gefühl hast, jederzeit kommen und gehen zu können, ohne Angst, den Anschluss zu verlieren. Was sind die Gründe, die Faktoren, die deine Freiheit und Verbundenheit ermöglichen? Welchen Einfluss hast du selbst darauf? Und wie ist es bei den anderen Gruppen? Welche Zwänge, Ängste, Anstrengungen sind mit ihnen verbunden? Wie viel davon ist wirklich notwendig und was hast du dir selbst und deinen unbewussten Mustern zuzuschreiben? Welche Ängste und Zwänge kannst du aufgeben? Was hast du zu verlieren, was zu gewinnen?

Herz und Geist öffnen

Wir verkehren heute beruflich und privat in den unterschiedlichsten Gruppen. Es ist unvermeidlich, dass wir uns immer wieder, kurzfristig oder dauerhaft, aus Gruppen lösen und neue Verbindungen eingehen. Damit sind auch Interessenkonflikte vorprogrammiert. Denke nur an den Zwiespalt, den viele spüren, wenn sie sich aus einer Teamarbeit lösen, um zu ihrer Familie nach Hause zu gehen – oder umgekehrt. Es gibt viele Gelegenheiten, in denen unser Überlebensinstinkt der Zugehörigkeit geweckt wird und unser Denken, Fühlen und Handeln steuert. Lassen wir das zu, bleiben wir unter unseren menschlichen Möglichkeiten und fallen in Ängste und Zwänge zurück, die in eine vergangene Zeit gehören.

Die Buddhisten haben eine wunderbare Methode, mit der wir unser Bewusstsein darin schulen können, allen Menschen statt mit Angst und Ausgrenzung mit freundschaftlichem Wohlwollen zu begegnen, mit Anteilnahme, Toleranz, Geduld und Hilfsbereitschaft. Diese Praxis nutzt die Kraft der Vorstellung. Du hast ja bereits bemerkt, dass wir auf Vorstellungen ebenso mit Emotionen und Körperempfindungen reagieren wie auf reale Erfahrungen. Wenn wir uns also in unserer Vorstellung einer Situation aussetzen, können wir lernen, mit ihr verbundene Emotionen und Körperempfindungen gelassen wahrzunehmen, ohne sie auszuagieren. So werden wir toleranter für das, was wir uns vorstellen. Wir bauen Kapazitäten auf, die uns dann im Umgang mit ähnlichen Situationen in der Realität zur Verfügung stehen. Diese Meditationen sind sozusagen ein Fitnesstraining für Herz und Geist. In der folgenden Meditation üben wir uns darin, jederzeit vollkommen offen und zugewandt zu sein – ungeachtet dessen, ob wir Menschen kennen oder nicht, sie mögen oder unsympathisch finden. Wir schaffen Raum dafür, anderen in Freiheit, bester Absicht und mit all unseren Eigenarten zu begegnen.

SELBSTERFAHRUNG

Bevor wir beginnen, frage dich: Was brauchst du von anderen Menschen, um dich angenommen, sicher und wohlzufühlen? Mach dir in Stichworten Notizen. Dann wechsle die Perspektive und frag dich: Was brauchen andere Menschen von dir, um sich angenommen, sicher und wohlzufühlen? Schreib deine Antwort darauf ebenfalls stichwortartig auf. Vergleiche nun die beiden Listen: Sind sie komplett verschieden oder ähneln sie sich?

Richtig, alle Menschen brauchen Respekt, Zuwendung, Wertschätzung, Anteilnahme, Freundlichkeit, Offenheit, Toleranz, Interesse, Unterstützung, um sich sicher und wohlzufühlen. Alle Menschen wollen glücklich und erfüllt sein! Darin sind wir uns alle gleich. Niemand steht morgens früh auf und sagt zu sich selbst: »Heute sorge ich dafür, dass es mir so richtig mies geht.« Das Bedürfnis, glücklich zu sein, ist Zeichen unseres Menschseins. In der folgenden Übung verbinden wir uns mit unserem eigenen und dem Menschsein der anderen. Wir stärken unser Ansinnen, dass der Mensch, dem wir konkret gegenüberstehen, Freiheit, Sicherheit, Achtung, Wohlwollen – Glück – erfährt. Das macht es uns leichter, unser Denken und Handeln so zu gestalten, dass wir das Glück dieses anderen nicht gefährden, sondern es, wenn möglich, sogar fördern.

»Sei wohlwollend und gütig, wann immer es möglich ist. Es ist immer möglich!«

Dalai Lama

SELBSTERFAHRUNG

Setze dich aufrecht und entspannt hin, mit gutem Kontakt zur Unterlage. Erlaube deinem Körper, sich in Würde und Aufrichtigkeit aufzuspannen, ohne sich besonders anzustrengen. Lasse jede unnötige Anspannung los. Dafür kannst du ein paarmal tief einatmen und mit der Ausatmung Gesicht, Schultern, Nacken und Arme, Bauchdecke und Becken locker lassen. Stell dir vor, dass nun ein warmes Licht auf deine Brust scheint und deinen Herzraum erwärmt. Irgendwo da im Inneren deiner Brust gibt es ein Stimmchen, das sagt: »Ich möchte glücklich sein!« Erlaube dir, dich für diese Stimme zu öffnen. Lausche, nimm wahr. Und dann begegne dieser Stimme, indem du stumm oder laut folgende Sätze wiederholst:
»Möge ich glücklich sein. Möge ich frei und sicher sein. Möge ich Wohlwollen, Respekt und Unterstützung erfah-

ren.« Lass diese Sätze in dir schwingen, gib ihnen Raum und Zeit. Wenn Geist und Körper reagieren, nimm es einfach nur wahr. Vielleicht kommt Wärme, vielleicht Anspannung, Ungläubigkeit, Zweifel oder Sehnsucht. Was immer in Körper und Geist als Reaktion auf diese Botschaften auftaucht, beobachte nur, nimm wahr, ohne einzugreifen. Stell dir nun vor, dass all das, was du dir für dich selbst wünschst, in Form von Licht oder Wärme zu dir kommt und dich füllt. Spüre, wie jede Zelle von diesen Qualitäten erfüllt wird – von Glück, Freiheit, Sicherheit, Wohlwollen. Wenn du bereit bist, kannst du zum nächsten Teil der Übung weitergehen.
Lass nun vor deinem inneren Auge eine Person erscheinen, die du sehr gern hast. Bei der es dir leichtfällt, dein Herz zu öffnen. Wenn es keine solche Person gibt, kannst du auch an ein Lieblingstier denken. Lass ein Bild entstehen oder denke einfach an diese Person (oder dieses Lebewesen) und stell dir vor, dass auch sie diese Stimme in ihrem Herzen trägt: »Ich möchte glücklich sein.« Dann sprich stumm oder laut folgende Sätze: »Mögest du glücklich sein. Mögest du frei und sicher sein. Mögest du Wohlwollen, Respekt und Unterstützung erfahren.« Lass diese Sätze in dir schwingen, gib ihnen Raum und Zeit. Wenn Geist und Körper reagieren, nimm es einfach nur wahr, ohne einzugreifen. Stell dir nun vor, dass all das, was du dieser Person oder diesem Wesen wünschst, in Form von Licht oder Wärme zu ihr kommt und sie füllt. Wie verwandelt sie sich, wenn sie von Glück erfüllt ist? Wenn du bereit bist, kannst du zum nächsten Teil der Übung weitergehen.

Lass nun vor deinem inneren Auge eine Person erscheinen, die du kennst, die dir jedoch nicht besonders nahesteht. Zum Beispiel eine entfernte Kollegin, einen Nachbarn, eine Kassiererin in deinem Stammsupermarkt. Oder die Person, die letzte Woche beim Arzt neben dir im Wartezimmer gesessen hat. Lass ein Bild entstehen oder denke einfach an diese Person und stell dir vor, dass auch sie eine Stimme in ihrem Herzen trägt, die sagt: »Ich möchte glücklich sein.« Und dann sprich stumm oder laut folgende Sätze: »Mögest du glücklich sein. Mögest du frei und sicher sein. Mögest du Wohlwollen, Respekt und Unterstützung erfahren.« Lass diese Sätze in dir schwingen, gib ihnen Raum und Zeit. Nimm wahr, wie Körper und Geist reagieren, ohne es verändern zu wollen. Stell dir nun vor, dass all das, was du dieser Person wünschst, in Form von Licht oder Wärme zu ihr kommt und sie füllt. Wie verwandelt sie sich, wenn sie von Glück erfüllt ist? Wenn du bereit bist, kannst du zum nächsten Teil der Übung weitergehen. Doch zwinge dich zu nichts. Wenn du bemerkst, dass du kämpfst, kannst du jederzeit zu einem der vorherigen Schritte zurückkehren. Menschlichkeit, Güte, Wohlwollen, Liebe können wir nicht erzwingen. Wir können uns nur Schritt für Schritt mit diesen zutiefst menschlichen Qualitäten vertraut machen.
Lass nun vor deinem inneren Auge eine Person erscheinen, mit der du es schwer hast, mit der du in Konflikt stehst, anderer Ansicht bist, deren Verhalten du ablehnst. Zum Beispiel eine Kollegin, ein Familienmitglied, eine Freundin. Du kannst auch jemanden nehmen, den du nicht persönlich kennst, aber gegen den du einen Groll hegst –

eine:n Politiker:in, eine:n Prominente:n aus den Medien. Lass ein Bild entstehen oder denke einfach an diese Person und stell dir vor, dass auch sie eine Stimme in ihrem Herzen trägt, die sagt: »Ich möchte glücklich sein.« Und dann sprich stumm oder laut folgende Sätze: »Mögest du glücklich sein. Mögest du frei und sicher sein. Mögest du Wohlwollen, Respekt und Unterstützung erfahren.« Lass diese Sätze in dir schwingen, gib ihnen Raum und Zeit. Nimm wahr, wie Körper und Geist reagieren, ohne es verändern zu wollen. Stell dir nun vor, dass all das, was du dieser Person wünschst, in Form von Licht oder Wärme zu ihr kommt und sie füllt. Wie verwandelt sie sich, wenn sie von Glück erfüllt ist?

Lass nun deine Aufmerksamkeit wandern. Wann immer eine Person vor deinem geistigen Auge auftaucht, halte inne, wende dich dieser Person zu und sprich mit Ton oder stumm die folgenden Sätze: »Mögest du glücklich sein. Mögest du frei und sicher sein. Mögest du Wohlwollen, Respekt und Unterstützung erfahren.« Spüre kurz nach, dann löse dich von dieser Person und wende dich der nächsten Person zu, die in deinem geistigen Feld auftaucht. »Mögest du glücklich sein. Mögest du frei und sicher sein. Mögest du Wohlwollen, Respekt und Unterstützung erfahren.«

Beende die Übung damit, dass du das Feld deiner Aufmerksamkeit für alle Menschen öffnest – ob nah oder fern, ob reich oder arm, ob vertraut oder fremd. Öffne deinen HerzGeist auch für andere Lebewesen – Tiere, Pflanzen. Schließe auch Landschaften, Berge und Ozeane ein und sprich stumm oder mit Stimme: »Mögen alle

Lebewesen glücklich sein. Mögen alle Lebewesen frei und sicher sein. Mögen alle Lebewesen Wohlwollen, Respekt und Unterstützung erfahren.« Lass diese Sätze in dir schwingen und stelle dir vor, wie dein Herz Licht und Wärme ausstrahlt und diese Qualitäten in die Welt trägt.
Nimm ein paar tiefe Atemzüge, löse dich von der Übung und wende dich wieder deinem Alltag zu.

Wenn du ein bisschen geübter bist mit dieser Praxis, kannst du sie jederzeit in deinen Alltag einbauen. Begegnest du jemandem auf der Straße, auf den Bürofluren, in der U-Bahn, öffne dein Herz und sage innerlich: »Mögest du glücklich sein!« Es wird auf Dauer nicht bei den guten Wünschen bleiben. Unser Handeln wird nämlich maßgeblich von unseren bewussten und unbewussten Gedanken geprägt. Wenn wir regelmäßig diese oder ähnliche Meditationen praktizieren, pflanzen wir die Saat wohlwollender Gedanken in uns. Mit jeder Meditation wässern, hegen und pflegen wir diese Saat, sodass sie zu einer starken Pflanze heranwachsen kann, die unseren HerzGeist bald vollkommen ausfüllt und mit der Zeit auch mitfühlendes Handeln als Früchte tragen wird.

Wir sind, was wir denken.
Alles, was wir sind, entsteht durch unsere
Gedanken.
Mit unseren Gedanken erschaffen wir die Welt.
Sprich oder handle mit einem unreinen Geist
und der Ärger wird dir folgen
wie das Rad dem Ochsen folgt, der den Wagen
zieht.

Wir sind, was wir denken.
Alles, was wir sind, entsteht durch unsere
Gedanken.
Mit unseren Gedanken erschaffen wir die Welt.
Sprich und handle mit einem reinen Geist
und das Glück wird dir folgen
wie dein Schatten, unerschütterlich.

Dhammapada

»Reiner Geist«, edles Denken und Handeln haben nichts mit Moral zu tun. Mitgefühl, Liebe, Altruismus sind Ausdruck unserer menschlichen Essenz. Indem wir unser Herz für andere öffnen, können wir selbst ebenfalls berührt werden. Verschließen wir uns und bleiben hart, können wir nicht mitschwingen, nicht in Resonanz gehen. Schwingung ist jedoch Ausdruck unserer existenziellen Lebendigkeit. In dem Maße, wie die Schwingungsfähigkeit eines Menschen eingeschränkt ist, verliert dieser an Lebensqualität. Ein typisches Beispiel ist die Depression, in der die betroffene Person ihre physische, emotionale und geistige Elastizität verliert und zunehmend erstarrt. Die Betroffenen beschreiben ihren Zustand oft selbst als zombiehaft. Wenn wir in einer Begegnung hart werden, angespannt und uns verschließen, schneiden wir uns von unserer eigenen Lebendigkeit ab. So enthalten wir anderen nicht nur unsere Menschlichkeit und unser Mitgefühl vor, wir schaden uns auch selbst.

Den ganzen Menschen sehen, nicht nur seine Handlungen

Wann immer ich die oben beschriebene Übung in Gruppen einsetze, ernte ich Widerstand. Spätestens, wenn es darum geht, den Menschen, mit denen wir es schwer haben und die wir ablehnen, unser Herz zu öffnen, signalisieren viele Teilnehmer:innen eine Grenze. Sie sträuben sich, jemandem, der oder die ihnen Unrecht getan, sie betrogen und belogen, ihnen Schaden zugefügt hat, mit Wohlwollen zu begegnen. Sie sagen dann: »Das hat sie oder er nicht verdient!« Mit anderen Worten: »Dieser Mensch hat Menschlichkeit nicht verdient, hat es nicht verdient, von mir Mensch ebenfalls als Mensch behandelt zu werden.« Niedere Instinkte aus einer anderen Zeit sprechen dieser Person die Zugehörigkeit zur Menschenfamilie ab. Wenn wir verstehen, dass es sich hierbei nur um ein altes Überlebensprogramm und nicht um die ganze Wahrheit handelt, können wir auch einen schwerwiegenden Irrtum beheben: Er heißt kognitive Fusion und ist eine mentale Fehlleistung mit fatalen Folgen:

Der Fehler besteht darin, dass wir nicht zwischen Mensch und Handlung (inklusive Sprechen) unterscheiden. Intellektuell würdest du sicherlich zustimmen, dass es zwei verschiedene Dinge sind, aber schau mal auf dein Verhalten. Ist es nicht so, dass wir immer wieder beides in einen Topf schmeißen? Wie häufig sagen wir »Die ist ätzend« statt »Die hat etwas Ätzendes gesagt oder getan«? Wenn aber Mensch und Handlung eins sind und die Handlung für uns oder andere schädlich ist, haben wir nur zwei Verhaltensoptionen:

- Entweder wir tolerieren die schädliche Handlung, weil wir den Menschen nicht zurückweisen, ablehnen, ihm nicht schaden wollen.
- Oder wir lehnen die schädliche Handlung ab und verschließen uns auch gegen die Person, lehnen sie ab, grenzen sie aus, verabscheuen sie, versagen ihr Respekt, Güte, Würde, Menschlichkeit.

Diese mentale Fehlleistung vollbringen wir übrigens auch uns selbst gegenüber. Wenn wir Fehler machen, nicht so schlau, geschickt, schlagfertig oder achtsam sind, wie wir es gerne hätten, werten wir uns als Ganzes ab. Uns selbst niederzumachen, raubt uns aber auch jegliche Energie, die wir brauchen, um zu lernen, zu wachsen und uns zu verändern. Insofern ist die Pauschalität, mit der wir uns und andere aburteilen, nicht nur unklug, sie entlarvt überdies den Unsinn, zwischen Freunden und Feinden zu unterscheiden. Wir weichen diese Kategorien ja permanent auf, wenn wir uns uns selbst oder unseren Liebsten gegenüber feindselig verhalten oder schlecht über sie denken.

Wenn wir dagegen Mensch und Verhalten als das sehen, was sie sind – zwei verschiedene Erscheinungen –, können wir uns gegenüber dem einen Phänomen, dem *Verhalten,* klar positionieren. Zum Beispiel indem wir die Auseinandersetzung suchen, Menschen zur Rede stellen, sie um etwas bitten, ihnen unsere Sicht der Dinge darlegen, mit ihnen in Verhandlung treten, dem *Verhalten* entgegenwirken, es unterbinden oder eingrenzen. Oder wir können dem *Verhalten* Aufmerksamkeit und Energie entziehen, auf Abstand gehen, uns anderen Dingen zuwenden.

All das hält uns nicht davon ab, mit dem anderen Phänomen, dem *Menschen,* in Resonanz zu gehen und uns berühren zu lassen, unser Herz für die Angst, den Zorn, die Not, den Neid, all die Irrungen und Wirrungen zu öffnen, die diese Person zu ihrem Verhalten führen. Wir können den Menschen in seinen Verstrickungen, seinem Leid, seiner Unzulänglichkeit sehen und ihm mit Menschlichkeit begegnen. Diese kann ebenfalls vollkommen unterschiedliche Gesichter haben. Es ist entscheidend, aus welcher Motivation unser Verhalten gespeist ist. So kann ein Lächeln verletzend sein, wenn es aus Schadenfreude geboren wird. Ein scharfes Wort zur rechten Zeit mit der rechten Motivation kann dagegen Ausdruck tiefen Mitgefühls sein und eine Person vor größerem Schaden bewahren. Manchmal ist das Beste, was wir einem Menschen entgegenbringen können, uns abzuwenden und ihm in Stille von Herzen alles Gute zu wünschen.

Selbst ganz Mensch sein

Mensch zu sein heißt auch, eine Geschichte zu haben. Über Erfahrungen zu verfügen, die im eigenen Leben, in vorangegangenen Generationen, vielleicht sogar in vorherigen Inkarnationen gesammelt wurden und die unser Denken, Fühlen und Handeln heute prägen. Wichtig ist dabei, zu verstehen, dass wir Erfahrungen *machen*, *sammeln* und *haben*. Was wir *haben*, können wir *nicht sein*.

Besitzerin und Objekt sind zwei verschiedene Dinge. Das gilt für Menschen, deren Erfahrungen zu schädlichem Verhalten führen, und auch für solche, die sich in den Dienst der Menschlichkeit stellen. Ihre Geschichten haben sie dorthin geführt. Das trifft auf andere ebenso wie auf uns selbst zu. Als Erfahrungsbesitzerin haben wir zwar in den seltensten Fällen Schuld an unserer Geschichte, aber wir haben die Entscheidungsfreiheit und damit auch die Verantwortung, wie wir mit der in uns wirkenden Vergangenheit umgehen wollen: Wir können entweder den Impulsen, die von unserer Vergangenheit geprägt sind, blind folgen – oder wir können innehalten, Tempo rausnehmen, aus den Automatismen aussteigen. Wir können in dem gewonnenen, inneren Raum unsere Erfahrungen reflektieren, Impulse hinterfragen und dann mit voller Absicht bereits bestehende oder neue Wege einschlagen. Wir können über unsere Vergangenheit hinauswachsen indem wir unsere Erfahrungen vertiefen oder ganz neue machen. Unsere Entscheidung! Deine Entscheidung!

SELBSTERFAHRUNG

Überlege dir, worauf du dein Handeln gründen möchtest: auf Gedanken und Gefühle, die Reflexe aus der Vergangenheit sind, oder auf Werte und Ziele, die unabhängig von Zeit und Raum ihre Gültigkeit haben – wie zum Beispiel ganz Mensch zu sein. Du könntest danach streben, nicht nur ein Wesen auf zwei Beinen zu sein, das sprechen, denken, produzieren, reparieren, lehren, lernen und konsumieren kann. Sondern ein Mensch mit Potenzial, mit Spiritualität, mit Bewusstsein und Resonanzfähigkeit. Du könntest danach streben, neu und anders mit dir selbst und der Welt umzugehen. Du könntest versuchen, mehr Menschlichkeit in die Welt zu bringen.

»Die wirkliche Essenz des menschlichen Wesens ist die Güte. Es gibt noch andere Qualitäten, die sich aus der Erziehung, dem Wissen ergeben, aber wenn man wahrhaft ein menschliches Wesen werden und der eigenen Existenz einen Sinn geben will, dann ist es essenziell, ein gutes Herz zu haben.«

Dalai Lama

Während ich seit einigen Jahren meine eigene Menschlichkeit tiefer und tiefer erkunde, ist in mir die Überzeugung gereift, dass ein gutes Herz ein freies Herz ist – frei von Groll, frei von Gewalt, Neid, Gier, Verachtung, aber auch frei von Angst, frei von Druck und Ehrgeiz, von Machtstreben, Unterwürfigkeit und Minderwertigkeitsgefühlen. Ein freies Herz ist leicht und spontan! In Freiheit ist es sehr viel wahrscheinlicher, dass etwas Gutes zum Vorschein kommt, als unter Druck und Angst. Ein gutes Herz zu haben heißt, in sich selbst Raum zu schaffen, in dem weder Druck noch Angst, weder Gewalt noch Begierde ihr Unwesen treiben. Meditation öffnet diesen Raum in uns, wenn wir unsere Freiheit nutzen. Denn es gibt zweierlei Freiheiten: Freiheit *von* etwas und Freiheit *zu etwas* – zum Beispiel die Freiheit, als Mensch zu wachsen. Meditation macht frei, weckt einen *beherzten* Geist und *begeistert* unser Herz! Mit Begeisterung und Beherztheit können wir alles schaffen, sogar ganz Mensch zu sein.

Menschlichkeit hat keine feste Gestalt, sie formt sich von Moment zu Moment. Sie ist eine spontane Reaktion auf emotionale Berührung. Menschlichkeit entsteht in der Resonanz einer Begegnung. Du kannst dir das wie bei einer Gitarre vorstellen.

Eine Saite wird angeschlagen, ihre Schwingungen treffen auf den Bauch, den Resonanzkörper der Gitarre. Wenn die Schwingung den Klangkörper berührt, wird dieser angeregt, gerät selbst in Schwingung und erzeugt als Antwort auf die Berührung einen Ton. In zwischenmenschlicher Resonanz tönen die eingebundenen Menschen jeweils mit eigener Stimme und sind wechselseitig Impulsgeber und Resonanzkörper. Resonanz kann für einen kurzen Moment entstehen oder über einen längeren Zeitraum anhalten. In jedem Fall erzeugt sie in allen Menschen, die von ihr erfasst werden, ein Wohlgefühl. Resonanz *erfüllt* uns im wahrsten Sinne des Wortes mit *Stimmigkeit*.

Ein Beispiel: Wenn du dich von den schmerzerfüllten Augen eines trauernden Menschen berühren lässt, nicht vor ihnen zurückschreckst oder aus Sorge, überwältigt zu werden, zumachst, dann formt sich in dir eine spontane Antwort. Das kann ein gütiger Gesichtsausdruck sein, eine sachte Berührung oder anteilnehmende Worte. Vielleicht bist du aber auch einfach nur da und gibst dem Menschen und seinen Gefühlen Raum. Kommt deine Antwort nicht aus dem Verstand, sondern aus der Resonanz, wird sie stimmig sein und der Person guttun. Und auch du wirst dich in der

Begegnung wohlfühlen. Unabhängig davon, wie kurz oder lang diese währt, wie gut ihr euch kennt, ob es eine Vergangenheit oder Zukunft für euch gibt. Die Resonanz in eurer Begegnung, die sich spontan und eingestimmt vollzieht, ist für beide ein Glücksmoment.

Um Resonanz zu ermöglichen, ist es wichtig, dass der Klangkörper eines Instruments offen und geräumig genug ist, um die Schwingung aufzunehmen; zugleich muss er geschlossen genug sein, damit sich die Schwingung zu einem Ton formen kann. Ebenso ist es bei uns Menschen. Wir müssen offen und leer genug sein, frei von Vorurteilen, Erwartungen, Ängsten und Konzepten, um uns von der Menschlichkeit eines anderen berühren zu lassen – sei es von seiner Not, seiner Freude oder seiner Liebe. Und wir müssen gleichzeitig über gute Grenzen, sogenanntes Containment verfügen. Containment ist die Fähigkeit, Emotionen in uns zu halten, ohne von ihnen überflutet oder zerrissen zu werden. Mit guten Grenzen können sich die verschiedensten Schwingungen frei in uns bewegen, zu einem Ton formen und als Antwort erklingen.

Wenn sich Menschen vollkommen frei und offen an ihren Grenzen begegnen, verwandeln sie eine trennende Grenze in einen Ort der Begegnung.

SELBSTERFAHRUNG

Wähle für eine Woche eine Person aus deinem Umfeld, einen Kollegen, eine Nachbarin, jemanden aus der Familie oder deinem Freundeskreis aus. Wann immer du mit dieser Person Kontakt hast – an sie denkst oder ihr begegnest –, sorge dafür, dass du offen und frei von einengenden Gedanken und Gefühlen bist. Bevor du die gewählte Person triffst – ob in einem Konferenzraum oder in einem Café –, sammle deinen Geist mithilfe der Atembetrachtung aus Kapitel 2 und schließe die Vorbereitung mit ein paar wohlwollenden Gedanken wie in der oben beschriebenen Mitgefühlspraxis ab. Achte in der Begegnung darauf, dass du immer wieder von reaktiven Gedanken und Gefühlen loslässt und ganz präsent wirst. Es geht nicht darum, auf eine bestimmte Weise mit der Person umzugehen. Wir müssen uns nicht zu freundlicheren, respektvolleren, mutigeren oder sonst irgendwie anderen Menschen erziehen. Wenn wir innerlich Raum für Resonanz und intuitive Antworten schaffen, kommen diese Qualitäten ganz von selbst zum Vorschein. Du kannst diese Übung auch mit Menschen machen, die gestorben sind. Sei nicht überrascht, wenn sie auf ganz eigene Art und Weise lebendig werden: Vielleicht verändert sich die Atmosphäre oder du hörst einen Klang oder spürst die Präsenz dieser Person.

»Um Menschen zum Teilen zu bringen, müssen wir ihnen das Sein gestatten.«

Andreas Weber

Resonanz, Schwingung, Verbundenheit sind weitere Umschreibungen für das Gefühl, erfüllt und zu Hause zu sein. Erleben können wir diese Form der Verbundenheit nicht nur mit Menschen. Im Gegenteil, damit Menschen miteinander schwingen, braucht es etwas, was heute wirklich rar ist: Präsenz und Entspannung. Die Menschheit ist so sehr unter Stress, so angespannt und erregt, dass Aufeinandereinlassen und Miteinanderschwingen selten sind. Es wäre nur verständlich, wenn wir auf diesen Umstand mit Enttäuschung und Empörung reagieren. Schließlich fühlt es sich so an, als würden uns die kleinen und großen persönlichen und globalen Krisen unser Glück rauben. Wie sollen wir entspannt schwingen und glücklich sein, wenn um uns herum alle so verdammt gestresst sind?! Empörung ist zwar ein menschlicher Reflex, führt aber selten zu Veränderung. Veränderung geschieht, wenn jemand über seine Reaktivität hinauswächst und seine Fähigkeiten bewusst einsetzt, um den Kurs zu ändern und eine neue Richtung einzuschlagen. Du kannst dieser Jemand sein! Setze in deinem Leben Impulse der Entspannung, Offenheit und Verbundenheit.

»Sei die Veränderung, die du in der Welt sehen möchtest!«

Mahatma Gandhi

Jeder noch so kleine Impuls kann große Kreise ziehen. Denke an den berühmten Kieselstein, der ins Wasser fällt. Öffne dich, lass alles los, was dich innerlich verstopft und unfrei macht. Lass dich immer wieder auf jeden Menschen neu ein. Einlassen heißt entspannen und offen sein – nicht abwehren, zupacken, eingreifen, steuern. Wenn du dich einlässt, weißt du nicht, was kommt, du kannst es nicht wissen. Jeder Mensch ist in jedem Moment neu und einzigartig und so ist jede Begegnung einzigartig und neu. Welche Impulse deinen Resonanzraum berühren, wenn du dich für einen Menschen öffnest, und welchen Klang sie in dir entfalten, kannst du nicht planen, kannst du nicht vorhersehen. Das ist das große Abenteuer echter Lebendigkeit: Lass dich in die Stille, in die Leere fallen und empfange, was kommt – im Vertrauen, dass sich eine stimmige Antwort formt –, von Moment zu Moment. Das ist Meditation in Beziehung und sie gelingt auch, wenn dein Gegenüber ganz und gar mit sich selbst, mit Vergangenheit und Zukunft beschäftigt und nicht präsent ist.

5

Eins mit allem

»Meine Welt ist durch Corona kleiner geworden, was mir ab und an Angst macht. Ich frage mich, ob ich mehr Welt wieder ertragen könnte?«

Anja, Klientin in meiner Praxis

Verbundenheit ist etwas, was in uns selbst entsteht – in unserem Bewusstsein, in unserem Herz-Geist. Alles kann zu einer erfüllenden Erfahrung werden – selbst die Teetasse, die hier auf meinem Schreibtisch steht, kann mich berühren und in Resonanz mit meiner Welt bringen. Wenn ich in Meditation gehe, werde ich still und öffne mein Herz für diese einfache Tasse. Ich habe diese Tasse schon unzählige Male in die Hände genommen. In Meditation wird meine Erfahrung auf einmal anders. Sie bekommt mehr Tiefe, mehr Konturen, mehr Fülle. In der Stille wird aus dem Halten einer einfachen Tasse auf einmal eine lebendige Begegnung. Je mehr ich mich öffne – meine Sinne, meinen Geist, mein Herz –, desto lebendiger wird die Tasse. Ich nehme ihre Form und ihre Farben wahr, sie liegt kühl in meiner Handfläche. Je mehr ich in diese Erfahrung der Tasse hineinentspanne, wach und präsent, desto mehr erkenne ich. Zum Beispiel, dass sie nicht immer schon in meinem Küchenregal stand, sondern einen Weg zurückgelegt hat. Sie wurde von Menschen gemacht, Menschen, die atmen, essen, lieben, leiden. Menschen, die an Maschinen stehen und ihren Unterhalt mit dieser Tasse verdienen. Maschinen, die von Menschen erdacht und gebaut wurden. Mehr und mehr wird die Tasse in meiner Hand lebendig. Ich spüre das Material – es ist Keramik: Sand, Ton und Wasser. Das haben die Tasse und ich gemeinsam, auch ich bestehe zu einem Großteil aus Wasser. Wir alle – die Menschen, die die Tasse gemacht haben, die Tasse, ich – brauchen Wasser, um zu existieren. Ich nehme nun auch die Energie wahr, die durch verschiedene Prozesse, durch Menschen und Maschinen in diese Tasse geflossen ist. Nicht nur bei der Herstellung, auch später auf ihrem Weg ins Geschäft und zu mir ins Regal, ist diese Tasse von Energie bewegt worden. Es ist die gleiche Energie, die mich bewegt und am Leben hält. Die ganze

Geschichte dieser Tasse wird in meinem Herzen lebendig und ich lasse mich von dieser Lebendigkeit berühren. Ohne intellektuell über die Tasse nachzudenken, ploppen diese Informationen einfach als Wissen, als Gewissheit in mir auf. Und je mehr ich mich auf die Begegnung mit der Tasse einlasse, desto weniger ist sie ein Ding. Sie ist ein Prozess ohne Anfang ohne Ende und ich bin in diesen Prozess eingebunden. Allmählich stellt sich ein zartes Gefühl der Verbindung ein und Dankbarkeit erfüllt mich. Oberflächlich könnte man meinen, das sei meine Dankbarkeit dafür, dass ich materiell so gut gestellt bin, dass ich hier in Frieden sitzen und eine Tasse Tee in Händen halten kann. Aber das trifft es nicht ganz. Probiere es aus und du wirst den Unterschied merken – dazwischen, eine Alltagshandlung in normaler Routine oder in Meditation, Aufmerksamkeit, Offenheit und Entspannung auszuüben.

SELBSTERFAHRUNG

Du kannst diesen Unterschied jederzeit erfahren. Bewege dein linkes Handgelenk – tue es jetzt, kreise es einfach ein paarmal in die eine und dann in die andere Richtung. Mache es mechanisch, wie eine Gymnastikübung.

Und nun tue das Gleiche mit der Haltung einer Zeugin – mit Achtsamkeit, Zuwendung, Offenheit, ohne Ambitionen. Du wirst spüren, wie die Erfahrung tiefer wird, umfassender und insgesamt lebendiger. Auf einmal bewegt sich die Hand aus sich heraus, sie bekommt ein Eigenleben, ohne getrennt von dir zu sein. Du bist voll in der Erfahrung und du bist Zeugin. Das ist Meditation!

Viele Künstler:innen haben Zugang zu Meditation, manche ohne es zu wissen. Kunstwerke entstehen zwar oft auch durch den Verstand, folgen einem Konzept, über das man dann vortrefflich streiten kann. Kreative Prozesse, die der Meditation entspringen, haben keine Konzepte, sondern Poesie und berühren uns tief – sei es als Tanz, Malerei oder Musik. Ich habe einen Freund, der Fotografie studiert hat. Eine seiner Professorinnen war berühmt für seltsame Aufgabenstellungen. Zum Beispiel forderte sie die Studierenden auf, ein Foto mit dem Titel zu machen: »Ich sitze im Wohnzimmer und das Telefon klingelt nicht!« Eine andere Übung lautete: »Fotografiere die Gefühle einer Tasse!« Sie wollte wohl die Kreativität ihrer Studierenden anfachen, indem sie sie anstiftete, sich in etwas zu versenken, es ganz neu zu sehen, sich berühren zu lassen und es umfassender zu erfahren.

Versenkung ist Meditation. Durch sie erfahren wir unsere Welt tiefer, umfassender und erkennen, wie sie wirklich ist. Diese Erkenntnis wird unser Handeln verändern. Kein Appell, keine Moral, kein Gesetz kann uns so nachhaltig verändern wie Erkenntnis. Erkenntnis ist etwas anderes als intellektuelles Verstehen – sie geschieht in unserem Wesen, in unserem Kern, sie durchdringt unser ganzes Sein. Meditation transformiert unsere Beziehung zur Welt.

Rendezvous mit dir selbst

Doch Achtung! Im Zuge der Achtsamkeitswelle beobachte ich vielerlei Verzerrungen. Menschen beginnen aufmerksamer für ihre Umgebung zu werden, wertschätzender vielleicht, aber es fehlt nicht viel, um auf den Holzweg der Anhaftung zu geraten. Dann wird die Tasse zwar aufmerksamer angeschaut, behutsamer angefasst und es entsteht vielleicht auch Achtung für die Ressourcen, die in ihr stecken, und alle Lebensformen, die an ihrer Entstehung beteiligt waren, dann aber sagen manche Menschen: »Die Tasse ist so schön, ich mag diese Tasse, es ist meine Lieblingstasse, diese Tasse bekommt einen besonderen Platz auf dem Regal, immer wenn ich mir etwas Gutes tun möchte, nehme ich genau diese Tasse, kein anderer soll diese Tasse benutzen, es ist meine Tasse!« Oje – wehe, diese Tasse zerbricht. Dann zerbricht auch das Herz ihrer Besitzerin.

Meditation heißt, sich in Dinge, Menschen, Natur, Prozesse, Ideen zu versenken, sie mit allem Drum und Dran wahrzunehmen, ihr Licht und ihren Schatten, ihr Potenzial und ihre Beschränkungen, ihr Eingebundensein ins Ganze – ohne an ihnen festzuhalten. Im Festhalten kann es nicht schwingen, uns nicht berühren und uns nicht zum Klingen bringen.

Nimm dir immer wieder Zeit, dich in deine Welt zu vertiefen. Setze dich still hin und schau aus dem Fenster, oder betrachte zum Beispiel dein Zimmer oder auch nur einen Stuhl, eine Vase oder ein Bild. Denke nicht über die Dinge nach, lass einfach das Erlebnis Stuhl, Vase, Bild über deine Sinne zu dir kommen. Es wäre falsch, wenn ich jetzt zu beschreiben versuchte, was dann geschieht. Ich kann es nicht wissen. Du kannst es nicht wissen. Aber es ist sicher, dass du auf diese Weise in einen Zustand tiefer Verbundenheit kommen kannst. Eine gleichzeitige Verbundenheit mit dir und deiner Welt.

Es gehört zu unserer menschlichen Entwicklung, dass wir zu Beginn, im Säuglingsalter, nicht zwischen uns und der Welt unterscheiden. Alles, was wir sehen, hören, riechen, fühlen, füllt unser Bewusstsein vollkommen aus. In dieser Phase gibt es keine Unterscheidung zwischen Objekt und Subjekt. Wir sind in Symbiose. Wir sind, was wir sehen, hören, riechen, fühlen. Später lernen wir, die äußere Welt aus subjektiver Perspektive wahrzunehmen. Es entsteht die Trennung von Subjekt und Objekt: ich hier – die Welt da. Mit diesen beiden Bewusstseinszuständen gehen wir dann durchs Leben. Manchmal in Symbiose, also voll identifiziert mit unseren Erfahrungen. Im Symbiose-Bewusstsein sind wir eins mit dem, was wir arbeiten, lieben, leben. Wir sind eins mit unserer Welt und können sie deshalb nicht wirklich betrachten und erkennen. Im Ich-Bewusstsein dagegen gehen wir zu allem in Beziehung, als wäre es außerhalb von uns. Wir behandeln Menschen, Natur, Ideen, auch uns selbst als Objekte, als Gegenstände. Das ist ein materialistischer Blick auf unsere Welt und leider auch die Ursache dafür, dass wir Menschen, Tiere und Natur ausbeuten. Meditation führt uns zu einer anderen Bewusstseinsebene – sie kultiviert in uns die Zeugin, die Beobachterin, ohne dass wir uns dabei von den Erfahrungen abtrennen. Meditation bringt die Dimension der Gleichzeitigkeit in unsere Erfahrungen: Wir sind total im Erleben, wir halten nichts zurück, kontrollieren nichts, halten keine künstliche Distanz zu der Erfahrung, lassen uns vollständig berühren, egal ob die Erfahrung angenehm oder unangenehm ist. Aber wir verlieren uns auch nicht in ihr wie in der Symbiose – wir nehmen sie bewusst wahr. Diese Gleichzeitigkeit von Totalität und Bewusstheit ist Meditation. Diese Gleichzeitigkeit hebt jede Trennung auf und lässt uns trotzdem vollkommen anwesend sein. In Meditation gibt es keinen Anfang und kein Ende, nur ein Ineinanderfließen von Moment zu Moment. In Meditation gibt es kein richtig oder falsch, nur ein Mitfließen von Moment zu Moment. In Meditation gibt es keine Sicherheiten, keine Planung und doch tiefe Gewissheit.

Ein Beispiel: Während ich dieses Buch schreibe, ereignet sich in Deutschland die schwerste Naturkatastrophe der Nachkriegszeit. Unwetter lassen Flüsse in Nordrheinwestfalen und Rheinland-Pfalz anschwellen und die Wassermassen reißen Häuser, Tiere und Menschen in den Tod. Ich sitze zu dem Zeitpunkt in meinem Zelt an der Nordsee und schreibe über Meditation. Das Wetter ist seit Wochen stabil hochsommerlich und entfaltet Tag für

Tag ein unbeschreibliches Idyll. Ich bin vollkommen entspannt und glücklich, als mich die Schreckensnachrichten erreichen. Sie treffen mich ins Mark, wohl auch deshalb, weil mein Mann in einem der schwer betroffenen Orte gerade einen Film dreht und ich um ihn bange, bis ich höre, dass er und alle aus dem Team in Sicherheit sind.

Ich sehe an diesem Tag nur wenige Bilder und schaue mir nur eine einzige *Tagesschau* auf dem Handy an. Das reicht, um innerlich die Katastrophe in allen Dimensionen zu fühlen. Mein innerer Raum ist von Angst und Schmerz erfüllt, von Verlust und Trauer – auch von Wut. Ich kann es in meinen Zellen fühlen. Doch gleichzeitig bin ich ganz ruhig und präsent. Es vergehen zwei Tage, in denen ich die Gleichzeitigkeit von Himmel und Hölle unmittelbar in mir wahrnehme. Ich bin nicht nur in Sicherheit, ich bin wirklich voller Freude und Glück – in den Dünen, in Hingabe an mein Projekt, vollkommen im Einklang mit mir und meiner Welt. Doch ich unternehme nicht den Versuch, die Hölle auszublenden, durch die andere gerade gehen. Immer wieder fliegen mich Bilder, Gedanken und Gefühle aus dieser Welt an. Dann stoppe ich, werde still und lasse mich von ihnen berühren, lasse sie in meine Welt – ganz! Bis die Welle wieder vorbei ist. Voller Erstaunen nehme ich wahr, dass ich glücklich sein darf und kann, während andere Schlimmstes durchmachen. Ich muss mich weder entschuldigen noch rechtfertigen, ich muss auch nicht aktionistisch alles stehen und liegen lassen, um zu helfen. Glück und Leid sind mein gleichzeitiges Erleben, ohne mich zu einer Reaktion zu treiben. Doch nach drei oder vier Tagen erhalte ich eine E-Mail. Eine Kollegin stellt ein Nothilfeteam für die Flutopfer zusammen. Noch während ich die Meldung lese, weiß ich, dass ich dabei sein werde. Vom Verstand her spricht vieles dagegen. Ich würde einen ganzen Tag unterwegs sein, um in die Region zu kommen. Ich habe zwar viele Jahre Erfahrung mit Traumatherapie, doch noch nie war ich in einem Katastropheneinsatz. Ich würde nur fünf Tage dort sein können, dann wäre es an der Zeit, wieder zu meinem Buch zurückzukehren. Ich frage mich einige Minuten lang, ob es unter diesen Umständen »sinnvoll« wäre, mich für diesen Einsatz zu melden. Dann, aus einem inneren Raum der Stille und Klarheit, buche ich mein Zugticket und mache mich auf den Weg. Es wird eine außergewöhnliche Erfahrung – bestürzend, grenzwertig und beglückend zugleich. Ich kann hier nicht auf Details eingehen, aber der Einsatz ist für mich voller Ambivalenz. Es ist eine ständige Gratwanderung zwischen helfen und im

Weg stehen, zwischen wollen und nicht können. Trotzdem gibt es weder währenddessen noch im Nachhinein einen Moment des Zweifels, ob meine Entscheidung richtig war. Sie war absolut sinnvoll – sie hat Sinn gestiftet, in mir selbst und in den Menschen, die für unsere Unterstützung zugänglich waren. Als ich nach fünf Tagen wieder auf der Insel bin, braucht mein Körper Zeit, um das Erlebte zu verdauen. Immer wieder schütteln mich heftiges Weinen und tiefer Schmerz – aber ich verschmelze nicht mit diesen Erfahrungen. Ich gehe nicht in ihnen verloren. Mein Körper fühlt Angst, Schmerz, Zorn – ich bin frei davon. Zwar lasse ich die Gefühle total zu, versuche nicht auszuweichen, abzumildern oder sonst irgendwie zu steuern. Ich überlasse meinen Körper und mein Herz dem Geschehen. Gleichzeitig ist mein Geist vollkommen frei, wach und präsent. Ich bin einfach nur Zeugin. Nach etwa zwei Tagen ist es vorüber. Jetzt bin ich wieder gelandet und kann mich erneut dem Schreiben widmen. Ich kann mit diesem Erlebnis abschließen und mich voll und ganz auf die Gegenwart konzentrieren. Ab und zu werde ich still, schließe Helfer und Opfer in meine Meditation ein und bete für sie. Sie sind Teil meiner Welt, doch ich bin vollkommen frei für meine Freude und meine Hingabe an das Leben hier und jetzt in den Dünen.

Ohne Meditation wäre diese Erfahrung wohl anders verlaufen. Mein Verstand und mein Gewissen hätten sich vortreffliche Debatten geliefert, was nun richtig oder falsch sei. Ich wäre weder voll beim Schreiben gewesen, noch hätte ich mich mit allem, was ich hatte, in die Hilfe gestürzt. Es wäre ein zähes Ringen in dem unbequemen Raum zwischen Baum und Borke geworden. Gutes wäre dabei nicht entstanden – weder auf Papier noch bei den Menschen in Not. Für mich ist dieses Erlebnis ein Beispiel dafür, wie Meditation unsere Lebensentscheidungen lenken und unsere tiefe Verbundenheit in der Welt erfahrbar macht. In dem Sinne ist Meditation nicht getrennt von unserem Alltag. Zwar gibt es Meditationsübungen, die wir zu bestimmten Zeiten, an bestimmten Orten, unter bestimmten Bedingungen machen. Sinn und Zweck dieser Übungen ist es aber nur, uns mit dem Bewusstseinszustand von Meditation vertraut zu machen, sodass wir im Alltag Zugang dazu haben und uns jederzeit von Meditation führen lassen können.

Es gibt ein wunderbares Buch, in dem du zahlreiche Anregungen für transformierende Alltagsmeditationen findest, *Das Orangene Buch. Die Osho-Meditationen für das 21. Jahrhundert* von

Osho (Innenwelt Verlag, Köln 2008). Er hat es wie kein mir bekannter anderer geschafft, Meditation in den Alltag zu integrieren. Du findest dort Meditationen mit dem Namen: Dauerlauf, Stopp!, Sei kein Automat, Bist du hier?, Rauchermeditation, Guillotinen-Meditation, Bellen-Knurren-Atmen, Fratzen schneiden, in den Himmel schauen. Um die Verbundenheit mit sich selbst und der Welt bewusst zu erfahren, sind Meditationen mit Pflanzen besonders hilfreich. Nimm dir einmal Zeit und lass dich in der Gesellschaft eines Baumes meditieren.

SELBSTERFAHRUNG

Stell dich zu einem Baum, als wäre er ein Freund. Sammle deine volle Aufmerksamkeit zunächst bei dir. Beginne damit, dass du spürst, wie du stehst – aufrecht und fest verwurzelt mit der Erde. Wenn du magst, schwing deinen Körper ein paarmal von rechts nach links – so weit, dass du beinah das Gleichgewicht verlierst. Dann lass die Ausschläge immer kleiner werden, bis du in deiner gefühlten Mitte ankommst. Mach das Gleiche mit Schwingungen nach vorne und hinten. Lass auch hier die Pendelbewegung immer kleiner werden, bis du in deiner gefühlten Mitte ankommst. Dann öffne deine Wahrnehmung für das Atmen. Einfach spüren, wie Atem in dich hinein- und wieder aus dir herausströmt. Lass dich stehen, fest verwurzelt mit ein- und ausströmendem Atem. Mach dir bewusst, dass dein Stoffwechsel mit dem Stoffwechsel des Baumes unmittelbar verbunden ist. Du und der Baum atmen die gleiche Luft. Du nimmst die umgebende Luft in deine Lungen auf und der Baum lässt die Luft durch spaltförmige Öffnungen auf seinen Blättern in sich hineinströmen. Ihr nutzt unterschiedliche Bestandteile der Luft – der Mensch atmet den Sauerstoff ein, der Baum das Kohlendioxid –, doch beide verwandeln die Moleküle der Luft in die eigene Lebendigkeit. Lass dich in Gesellschaft des Baumes atmen und mache dir bewusst, dass ihr im unmittelbaren, wortwörtlichen Austausch miteinander seid. Nicht nur das – von Moment zu Moment verwandelt ihr euch sogar ineinander.

»Der Atem« – schreibt Andreas Weber in seinem absolut lesenswerten Buch *Sein und Teilen. Eine Praxis schöpferischer Existenz* (transcript, Bielefeld 2017) – »ist darum etwas ganz und gar nicht Triviales. Sein Geheimnis besteht darin, dass jeder von uns atmend nicht bloß ein Gas hin und her bewegt, sondern sich in die umgebende Welt verwandelt. Zwar sind wir nicht (...) Stein, Baum, Vogel. Aber der Stoff, aus dem wir in diesem Moment bestehen, wird im nächsten wieder Luft sein, dann Körper einer Pflanze oder Schale einer Muschel, und eines Tages Kalksediment, Felsen, Sand. Stofflich ist diese Welt ein großer Körper, von dem die Einzelnen momentane Auswüchse darstellen.«

Lass dich also in Gesellschaft des Baumes atmen. Nimm wahr, dass du ein Lebewesen auf zwei Beinen in diesem Kosmos bist. Nimm nun auch den Raum um dich herum wahr. Lass diesen Raum so weit werden, bis du vollkommen in ihm aufgehoben bist, und auch der Baum und alles, was dich umgibt, einen Platz in diesem Raum hat. Lass deinen Raum so weit werden, dass der gesamte Kosmos darin gehalten wird. Werde eins mit dem Kosmos.

Wie verändert diese Meditation deine Beziehung zu dir, deine Beziehung zur Welt? Was nimmst du wahr? Innen – außen? Bist du offener, empfänglicher? Bist du geerdeter, verbundener, ruhiger? Wie ist deine Stimmung? Wie bist du jetzt da? Wie fühlt sich dein Leben jetzt an? Welche Impulse melden sich in dir? Worauf bekommst du Lust, Neugier? Folge spontan deinen Impulsen und lass dich überraschen, wo sie dich hinführen.

Müsset im Naturbetrachten
Immer eins wie alles achten.
Nichts ist drinnen, nichts ist draußen,
Denn was innen, das ist außen.

Johann Wolfgang von Goethe

Durch Meditation wird unser Bewusstsein in einen Zustand geführt, in dem wir uns aus undifferenzierter Symbiose lösen und die Dinge nicht nur in ihrer materiellen, sondern auch in ihrer spirituellen Dimension klarsehen. Wir nehmen deutlich wahr, wie alles mit allem verbunden ist und wer wir in dem Ganzen sind. Stell dir eine Welt vor, in der jede:r Einzelne frei und eigenständig ist und in der die Menschen sich von spiritueller Weisheit, von Meditation und Liebe führen ließen, um ihr Wissen über die materielle Welt und ihr Können in den Dienst existenzieller Einheit und Unversehrtheit zu stellen.

»Liebe und Mitgefühl sind Notwendigkeiten, kein Luxus. Ohne sie kann die Menschheit nicht überleben.«

Dalai Lama

Wenn wir uns für diese spirituelle Dimension öffnen, unser Denken und Handeln von ihr führen lassen, wird meiner Erfahrung nach nicht nur vieles, sondern eigentlich alles umfassend leichter und beglückender. Diese Aussage ist starker Tobak. Ich habe dafür keine Beweise, die den Verstand zufriedenstellen könnten. Das ist die Krux mit der Spiritualität – sie vollzieht sich auf einer anderen Ebene als der des Verstandes. Spiritualität ist reine Erfahrung gepaart mit reinem Bewusstsein. Aber wir wissen seit Einstein auch, dass Probleme – weder die Bewältigung von Krisen noch Herausforderungen in der eigenen Entwicklung – nicht auf der Ebene des Denkens gelöst werden können, auf der sie entstanden sind. Deshalb ist es sinnvoll, an einer bestimmten Stelle jedes Argumentieren und Überzeugen, jede Fürsprache für Meditation einzustellen und stattdessen einfach eine offene, aufrichtige Einladung auszusprechen: Probiere es aus, mache deine Erfahrungen und lasse dich dabei gelegentlich von jemandem begleiten, dem oder der du vertraust.

Zum Abschluss …

… noch ein paar Hinweise zu den häufigsten Missverständnissen über Meditation:

- *Meditation ist keine ernste Angelegenheit.* Sei jederzeit ehrlich, aufrichtig, verbindlich, aber niemals bierernst. Gehe mit deiner Freude und Neugier. Suche dir eine Meditationsform, die dich anspricht, auf die du Lust hast, und dann bleib eine Weile dabei – spring nicht zwischen vielen verschiedenen Methoden hin und her, das stiftet Verwirrung. Sei ausdauernd, aber nicht verkniffen.
- *Meditation kann vieles, aber nicht alles.* Wenn du ernsthafte Beschwerden entwickelst, die nicht nach einigen Tagen der Praxis verschwinden, suche einen Arzt auf.
- *Meditation ist das Gegenteil von Abhängigkeit und Gehorsam.* Wenn du an Leute gerätst, die Dogmen aufstellen und Unterwerfung verlangen, hat das nichts mit Meditation zu tun.
- *Meditation macht man nicht ausschließlich alleine auf einem Kissen.* Es gibt Meditationsformen, die sich besonders gut dazu eignen, sie in einer Gruppe zu praktizieren. Viele der

Osho-Meditationen zählen dazu und auch Praktiken aus der Sufi-Tradition. Eine andere Form der Gruppenmeditation ist das sogenannte Familienstellen – oder auch phänomenologische Aufstellarbeit. Hier werden Resonanzerfahrungen und Präsenz genutzt, um ein System (zum Beispiel eine Partnerschaft, eine Familie, eine Organisation oder auch eine Person) wieder zum Schwingen und in Balance zu bringen.

- *Was Meditation ist,* kann mit Worten nur mit dem Risiko des Missverständnisses ausgedrückt werden. Meditation ist der Inbegriff von Einheit, aber Sprache trennt: Sie führt zu einer Dualität zwischen Sprecher:in und Zuhörer:in, zwischen Autor:in und Leser:in. In meiner Sprache treffe ich permanent Entscheidungen für ein Wort und gegen ein anderes, daher kann sie nicht wirklich umfassend und inklusiv sein. Meditation schließt aber nichts und niemand aus. Wenn du bei meinen Texten »außen« vor geblieben bist, dich meine Worte nicht erreicht und nicht berührt haben, heißt das nicht, dass Meditation nichts für dich ist. Du bist offenbar neugierig, sonst hättest du nicht zu diesem Buch gegriffen. Vertraue deinem Interesse und ziehe weiter, bis du jemanden findest, der oder die dich im wahrsten Sinne des Wortes anspricht. Vielleicht findest du diese Ansprache nicht in Büchern, sondern musst jemanden in Fleisch und Blut erleben, um Zugang zu Meditation zu finden. Vielleicht ist es aber auch kein Mensch, sondern deine Zimmerpflanze, die dich Meditation lehrt und nach Hause führt.

Ich wünsche dir auf deinem weiteren Weg zu dir und in die Welt von Herzen alles Gute.

Anja Niranjana

Für die weitere Praxis

Alle Meditationsanleitungen aus diesem Buch kannst du dir auch bequem aus dem Internet herunterladen unter:
www.anjasiepmann.de

Leichter leben:

Inspiration zu einem neuen Lebensgefühl

ISBN 978-3-95803-042-8

ISBN 978-3-95803-078-7

ISBN 978-3-95803-043-5

ISBN 978-3-95803-045-9

ISBN 978-3-95803-077-0

ISBN 978-3-95803-075-6

ISBN 978-3-95803-044-2

ISBN 978-3-95803-076-3

Alle Bände: 96 Seiten, Klappenbroschur,
durchgehend vierfarbig mit zahlreichen Fotos und Illustrationen

Weitere erfolgreiche Titel aus der Reihe »Achtsam leben«

»Das größte aller Wunder ist es,
lebendig zu sein. Achtsamkeit ermöglicht uns,
dieses Wunder zu berühren.«

Thich Nhat Hanh

Mehr über unsere Bücher unter www.scorpio-verlag.de

ISBN 978-3-95803-095-4

ISBN 978-3-95803-104-3

ISBN 978-3-95803-242-2

ISBN 978-3-943416-94-7

ISBN 978-3-95803-009-1

ISBN 978-3-95803-007-7

ISBN 978-3-943416-95-4

ISBN 978-3-95803-046-6

ISBN 978-3-95803-328-3

ISBN 978-3-95803-351-1